29069

ESSAI

SUR

LA MÉTHODE DE BACON.

ESSAI

SUR LA

MÉTHODE DE BACON.

 DE L'IDÉE DE LA SCIENCE,

Par A. BIÉCHY,

Membre de l'Université.

TOULON,
IMPRIMERIE D'EUGÈNE AUREL, RUE DE L'ARSENAL, 13.

1855.

ESSAI
SUR LA MÉTHODE DE BACON.

DE L'IDÉE DE LA SCIENCE.

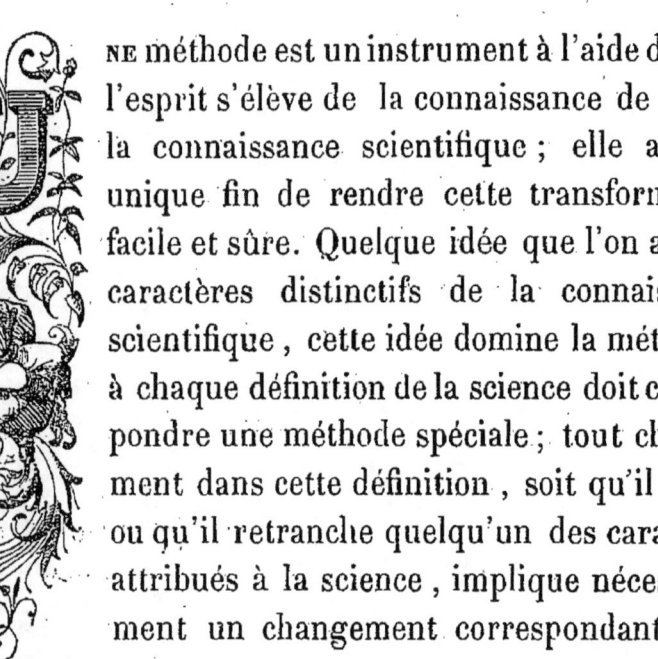

Une méthode est un instrument à l'aide duquel l'esprit s'élève de la connaissance de fait à la connaissance scientifique ; elle a pour unique fin de rendre cette transformation facile et sûre. Quelque idée que l'on ait des caractères distinctifs de la connaissance scientifique, cette idée domine la méthode : à chaque définition de la science doit correspondre une méthode spéciale ; tout changement dans cette définition, soit qu'il ajoute ou qu'il retranche quelqu'un des caractères attribués à la science, implique nécessairement un changement correspondant dans les procédés de la méthode. Une route est bonne ou mauvaise, non selon le but où elle mène, mais selon qu'elle y mène plus ou moins bien. L'idée qu'on se fait de la science peut être exacte, et la méthode, mauvaise ;

et, réciproquement, l'idée de la science peut être inexacte, et la méthode, excellente pour produire l'espèce de connaissance qu'on en attend. Cet ensemble de préceptes et de procédés qui forme ce qu'on appelle une méthode, n'est donc point quelque chose d'absolu, qui se puisse concevoir et apprécier isolément. La conception d'une méthode suppose qu'on s'est fait préalablement une idée particulière des caractères de la science, et l'on ne peut l'apprécier qu'en la rapprochant de cette idée. La prétention de donner une méthode nouvelle, suppose qu'on a découvert dans la science de nouveaux caractères ; de sorte que le premier soin des inventeurs de méthodes doit être de déterminer d'abord la nature des changements qu'ils veulent faire dans la définition de la connaissance scientifique.

L'idée de la science change avec le temps ; chaque époque la modifie, y ajoute ou en retranche quelques caractères, et approprie en même temps les méthodes à cette transformation. Chaque époque a ainsi sa manière particulière de définir et de chercher la science, avec une opinion plus ou moins défavorable sur la manière propre à l'époque précédente. Ce travail se résume et se précise dans la pensée de quelques hommes d'élite, qui représentent leur temps, et le représentent avec ce double caractère de prétendre chercher la science par des voies nouvelles, et de critiquer les voies suivies avant eux. Ils tiennent tous le même langage : tous déplorent l'influence funeste des méthodes reçues, tous en proposent de nouvelles, dont chacune est la seule bonne, à les entendre. Chacune d'elles est bonne et excellente en effet, non absolument, mais relativement à l'idée de la science à laquelle elle correspond et s'adapte. Cette idée a elle-même son jour de faveur, où elle fait la fortune de sa méthode ; mais ce jour passe, la manière de comprendre la science se modifie, l'ancienne méthode n'y correspond plus ; il faut la changer et l'adapter à la manière nouvelle d'expliquer la science : de là une méthode nouvelle, destinée à parcourir les mêmes phases que la précédente. Toute méthode comprend donc une partie *destructive*, consacrée à montrer que la méthode de l'époque précédente ne correspond plus à l'idée que se fait de la science l'époque contemporaine ; et une partie *informatoire*, où les procédés de la méthode sont appropriés à cette idée. L'erreur de chaque époque est de croire que l'idée de la science à laquelle elle est arrivée, est définitive, et qu'ainsi sa méthode est non-seulement meilleure que celle de l'époque antérieure, ce qui est vrai, mais la seule bonne, la vraie méthode, l'unique moyen par lequel l'esprit humain puisse arriver à la vérité scientifique. On oublie ainsi qu'une méthode ne saurait avoir une valeur absolue, qu'elle ne peut avoir qu'une valeur relative, et que tout son mérite consiste dans son aptitude à produire la connaissance scientifique, quelle que soit d'ailleurs l'idée qu'on se fait de cette connaissance.

Si l'idée de la science était parfaitement définie, il n'y aurait d'autre soin que de trouver les deux meilleures méthodes, l'une pour la déduction et l'autre pour l'induction ; mais il n'en est point ainsi : la détermination des caractères essentiels de la science n'a point cessé d'être un problème depuis Thalès jusqu'à nos jours.

Chaque école résout ce problème à sa manière ; l'idée de la science est toujours vague et flottante, ce qui complique tout travail relatif à la méthode, en soulevant le problème préalable de la nature de la science.

« La science, dit Bacon, est un commerce entre l'esprit et les choses. » Elle a deux aspects, l'un qui regarde l'esprit, et l'autre qui regarde les choses : de là deux manières de résoudre le problème de la définition de la science, selon que l'on se préoccupe davantage de l'un ou de l'autre de ces aspects. Ceux qui demandent cette définition à la logique, disent avec un savant contemporain : que *la science est la connaissance logiquement organisée, et que cette organisation se résume sous deux chefs principaux :* 1.° *la division des matières et la classification des objets sur lesquels porte la connaissance scientifique ;* 2° *l'enchaînement logique des propositions, qui fait que le nombre des axiomes, des hypothèses fondamentales ou des données de l'expérience se trouve réduit autant que possible, et que l'on en tire tout ce qui peut en être tiré par le raisonnement ; sauf à contrôler le raisonnement par des expériences comparatives.* Cette définition est sans doute la plus complète et la plus profonde à laquelle pût aboutir la logique ; mais, quels qu'en soient les incontestables mérites, un examen attentif fait reconnaître qu'elle ne donne pas une idée adéquate de la science. Aucun des deux chefs sous lesquels elle résume l'organisation logique de la connaissance, ne forme un des caractères essentiels de la connaissance scientifique. Savoir scientifiquement, c'est évidemment savoir quelque chose qui n'est ni dans la connaissance de fait, ni perceptible aux sens, puisque tout le perceptible est compris dans cette connaissance ; mais la division des matières et la classification logique des objets consistent dans une distribution de ces objets fondée sur leurs qualités sensibles, ce qui n'ajoute aucune connaissance nouvelle à ce qu'on savait déjà par la connaissance de fait, et n'est proprement qu'un certain ordre introduit dans la constatation des faits. Quant à l'enchaînement des propositions, qu'il soit logique ou non, il n'est pas nécessaire à la connaissance scientifique : celle-ci peut en effet se borner à un seul fait ou à une seule vérité, et, pendant plusieurs siècles, la géométrie a consisté dans la démonstration d'un petit nombre de propositions. Ni l'enchaînement, ni l'organisation logique des connaissances ne constituent donc des caractères essentiels de la science.

Le côté métaphysique de cette question de la nature de la science, a été abordé et traité d'une manière fort remarquable dès le berceau de la philosophie. Les dynamistes de l'antique Ionie étaient arrivés sur ce sujet à quelques idées qui témoignent d'une grande pénétration d'esprit. Diogène d'Apollonie, qui résume leurs doctrines, considère la nature comme un tout vivant, de la vie et des forces duquel chaque individu est une expression isolée : en étudiant les individus on arrive donc à connaître le tout. Héraclite est plus précis ; on dirait qu'il a inspiré à Bacon son admirable formule de l'*Interprétation de la nature* : « Il n'y a, dit-il (1), qu'une seule manière d'être sage, c'est de connaître la pensée qui, seule, connaît toutes choses par toutes choses. » « La sagesse n'est autre

---

(1) Diogène Laerce, IX, I.

que l'*interprétation* (ἐξηγήσις) de la manière dont le tout est gouverné (1). » Selon les Pythagoriciens, le nombre et l'harmonie sont la cause de toute vérité ; s'ils n'existaient pas dans les choses, rien de vrai ne pourrait être connu.

La célèbre sentence de Socrate, qu'il ne surpasse les autres hommes que parce qu'il sait qu'il ne sait rien, suppose qu'il sait ce que c'est que savoir ; mais on ne voit pas qu'il ait jamais dit en quoi il le faisait consister. Les procédés de sa méthode nous permettent, cependant, de combler en partie cette lacune. Son habitude de soumettre une pensée à toutes les combinaisons possibles pour l'examiner, nous montre qu'à ses yeux toute pensée scientifique est vraie dans toute combinaison, et repose, par conséquent, sur la vue de l'enchaînement essentiel de toutes les vérités de la science. S'il affectait encore de choisir ses exemples dans les choses triviales, pour en tirer la pensée philosophique, c'est qu'à ses yeux toute notion quelconque doit comprendre l'idée de la science, et que cette idée doit être prise comme unité de mesure dans les pensées mêmes en apparence les plus insignifiantes. Toute pensée étant le produit de la raison, on peut y rendre sensible le procédé de la raison. Chercher à se connaître soi-même c'est chercher la valeur scientifique de ses pensées.

Platon, le premier, posa le problème en termes précis : il examine dans le *Théétète* ce qu'est la science et quel en

---

(1) Sextus Empiricus, Adv. Math. VII, 133. — Épictète a dit de même : Jupiter a mis l'homme sur la terre non-seulement pour être le spectateur des œuvres divines, mais pour en être l'*interprète*.

est le fondement ; il cherche, non pas quels sont les objets de la science, ni quelles sont les différentes sciences, mais ce qu'est la science considérée en elle-même, ce qui la constitue et la caractérise. Il montre que ni la sensation, ni le raisonnement n'expliquent la science. Mais ce premier effort de l'intelligence sur cette question si vaste et si profonde, ne mène, en apparence du moins, qu'à un résultat purement négatif. Platon ne met aucune doctrine positive à la place des solutions incomplètes qu'il a écartées ; mais, au fond de cette longue chaîne de raisonnements à travers lesquels il promène le lecteur, se trouve une théorie qu'il ne perd jamais de vue, et à laquelle il conduit insensiblement l'interlocuteur de Socrate, lorsque, cherchant avec lui la science depuis les impressions les plus grossières des sens jusqu'aux subtilités les plus raffinées de la dialectique, il lui fait voir que la science n'est pas là, qu'elle est toute entière dans les idées, dans des principes indécomposables, évidents par eux-mêmes, universels et nécessaires, que l'esprit tire de ses propres profondeurs et de l'immédiate contemplation de son essence. Mais ces idées, ces principes constitutifs de la science, Platon ne les énumère pas ; et s'il démontre avec une force et une vigueur admirable que ni les sens, ni le raisonnement n'expliquent la science, et ne peuvent réaliser l'idéal de la connaissance parfaite qui est l'objet de nos désirs, nulle part il n'ajoute à ces résultats négatifs, une théorie précise sur les caractères essentiels de la science. Ce n'est pas qu'on ne puisse trouver dans ses autres écrits des considérations se rattachant intimement à cette question ; mais ce ne sont jamais que des vues de profil, et la question n'est abordée directement que dans le *Théétète*, où elle ne reçoit point de solution. Selon Platon, le particulier ne peut être connu que dans le général ; toute connaissance doit être étudiée, non en elle-même, mais dans son rapport avec la science unique qui embrasse tout, la dialectique. Les sciences particulières, isolées l'une de l'autre, trouvent dans la dialectique un régulateur qui leur fait connaître, en partant de la science des principes, ce que chacune d'elles doit faire. Elles sont toutes dominées par cette science supérieure, qui, en apprenant à distinguer dans les autres sciences ce qui en doit faire partie, se reconnaît aussi elle-même comme ayant la science des autres sciences, comme étant proprement la science des sciences.

Platon déblaya le terrain des solutions incomplètes et fausses qui avaient cours de son temps ; il était réservé à son disciple Aristote d'essayer d'une solution complète du problème. « Nous croyons, dit-il, savoir une chose d'une manière absolue et non sophistique et accidentelle, *quand nous croyons connaître la cause qui produit cette chose, que nous savons qu'elle en est la cause et que la chose ne saurait être autrement* » (1). Ainsi, « savoir scientifiquement, c'est savoir par la cause. Or, il y a quatre causes : la cause essentielle, la cause matérielle, la cause motrice et la cause finale. Toutes ces causes servent à démontrer comme moyens termes » (2). La forme n'est pas quelque chose de matériel, autrement un cada-

---

(1) *Analytiques postérieurs*, liv. I, ch. 2, p. 71, b. 2, de l'édition de Berlin.

(2) Id. liv. 2, ch. 11, p 94, a. 20.

vre serait un homme, et une main de bois ne serait pas la simple imitation d'une main véritable (1). La forme de l'homme, c'est l'âme, dont le corps n'est que la cause matérielle (2). La forme d'un être ne tombe donc pas sous le sens. « Ce qui fait qu'une chose est, est tout entier dans la notion de ce qu'elle est » (3). « L'essence ou la forme d'une chose est la cause de l'existence de cette chose. La substance est à elle même sa cause essentielle, tandis que l'accident a pour cause de son essence une autre chose que lui. La cause essentielle de l'accident est démontrable quand l'attribut qu'il s'agit de démontrer est médiat ; elle est indémontrable, lorsqu'il est immédiat (4). » Les principes et les causes sont ce qu'il y a de plus scientifique. C'est par leur moyen, c'est par eux que nous connaissons les autres choses, et non point par les autres choses que nous les connaissons (5). Or, la science souveraine, la science supérieure à toute science subordonnée, est celle qui connaît pourquoi il faut faire chaque chose. Et ce pourquoi, c'est le bien de chaque être ; pris en général, c'est le mieux dans tout l'ensemble des êtres. « La cause finale est ainsi pour Aristote la cause par excellence. » Tout a une place marquée dans le monde......, dit-il ; mais il y a des degrés différents, et les êtres ne sont pas isolés les uns des autres ; ils sont dans une relation mutuelle, car tout est ordonné en vue d'une existence uni-

(1) *De partibus animalium*, I, 1. p. 640, b. 29.
(2) *Métaphysique*, I, ch. 11, p. 1037, a. 3.
(3) Id. L. 1, ch. 3, p. 983, a. 28,
(4) Analyt. post. liv. 2, ch. 8, p. 93, a. 3.
(5) Métaph. liv. I, ch. 2, p. 982, b. 3.

que...... Le principe du rôle de chaque chose dans l'univers, c'est la nature même : tous les êtres, veux-je dire, vont nécessairement se séparant les uns des autres ; et tous, dans leurs fonctions diverses, conspirent à l'harmonie de l'ensemble (1). » « La cause formelle et la cause finale ne sont qu'une seule et même chose (2). « La forme et la fin se confondent aussi souvent avec la cause motrice, car l'homme produit l'homme, et ce qui est mû est aussi toujours ce qui meut (3). La forme de la statue est, dans l'esprit de l'artiste, la cause du mouvement par lequel la statue est produite ; et, en général, la forme extérieure d'un objet n'est que l'expression plus ou moins fidèle de la force ou énergie productrice placée en dedans ou en dehors de cet objet. Ainsi, des quatre causes qui sont l'objet de la science, trois peuvent être réduites à une seule, et forment ce qui dans les choses ne tombe pas sous les sens. Quant à la matière, ce n'est point une cause en soi, c'est seulement « ce qui doit être pour que quelque autre chose soit (4) » « J'appelle matière ce qui n'a, de soi, ni forme, ni quantité, ni aucun des caractères qui déterminent l'être : car il y a quelque chose dont chacun de ces caractères est un attribut, quelque chose qui diffère dans son existence de l'être selon toutes les catégories. Tout le reste se rapporte à la substance, la substance se rapporte à la matière.... La substance réalisée est celle qui résulte de

---

(1) Métaph. XII, 10, t. 2, p. 236 de la traduction de MM. Pierron et Zévort.
(2) De la Générat. des animaux. I, 1, p. 715, a. 9.
(3) Physique, II, 7, p. 198, a. 23.
(4) Analyt. post. II, 11, p. 94, a. 3.

l'union de la forme et de la matière (1). La matière est le moyen par lequel la fin se réalise (2). » Aristote conçoit la formation du monde comme une production artistique, où le concours des quatre causes est indispensable. La cause motrice, c'est l'artiste ; la fin, la statue ; la forme, la pensée ; la matière, l'airain ou la pierre. Le nombre des causes est limité, car le nombre des attributs essentiels qu'elles produisent est limité (3). Il existe un être éternel, immuable, distinct du monde sensible : autrement l'ordre ne serait pas possible dans le monde (4). S'il n'y avait une fin dernière de toutes choses, il n'y aurait pas de bien, la raison disparaîtrait de la nature, car la raison fait tout en vue d'une fin (5).

De même qu'il y a pour les choses deux manières d'être, l'une nécessaire, et l'autre contingente, il y a deux manières correspondantes de penser. La première est proprement la matière de la science, et la seconde, celle de l'opinion (6). Entre ces deux extrêmes, il convient d'admettre dans le domaine de la science, comme moyen terme, *ce qui a coutume* d'arriver, ὡς ἔπι τὸ πὸλυ (6), la raison ayant un penchant naturel à faire contribuer à l'œuvre scientifique tout ce qui peut s'offrir à elle. Toute connaissance scientifique dérive de notions antérieures, tantôt de principes accordés et compris, tantôt de l'universel acquis par

(1) Mét. VII, 3.
(2) Phys. II, 9, p. 200, a. 7.
(3) Analyt. post. L. I, ch. 22.
(4) Mét. XI, 2 ; XII, 10.
(5) Mét. A *minor*, 2.
(6) Analyt. post. I, ch. 7, 25 et 27.

l'évidence inhérente au particulier (1). L'enchaînement des pensées est ainsi aux yeux d'Aristote une condition essentielle de la science. La science ne portant que sur l'essentiel, il n'y a point de science du fortuit. Elle ne peut être acquise par la sensation, car la sensation ne donne que ce qui est ici ou là, et la science consiste dans la connaissance de ce qui est partout et toujours. Aussi, après avoir acquis la connaissance d'un objet par la voie de le sensation, en cherchons-nous encore la science. Aristote ajoute, évidemment à tort, que la connaissance de l'universel s'acquiert par la sensation répétée (2).

L'histoire de l'esprit humain ne présente, ni avant ni après le Stagirite, une théorie aussi vaste et aussi profonde sur la nature de la science ; cette théorie domine celle de Bacon, soit qu'il en adopte quelque partie, soit qu'il en combatte quelques autres, soit enfin qu'il combine les idées d'Aristote avec celles des Ioniens ou de Platon, car tous ces éléments se retrouvent un peu confus dans sa doctrine, sans compter l'obscurité de la terminologie scolastique qu'il emploie dans cette circonstance.

» L'ensemble des connaissances humaines, dit-il, se divise en histoire, en poésie et en philosophie ; chacune de ces trois branches correspond à l'une des trois facultés de l'entendement : la mémoire, l'imagination et la raison. Les sciences se distribuent d'après leurs sources, qui sont situées, les unes dans la région supérieure, et les autres ici-bas. Car toute science se compose de deux sortes de connaissances : la première est inspirée par la divi-

---

(1) Analyt. post. I, 1.
(2) Ibid. passim. et liv. 2, ch. dernier.

nité, l'autre tire son origine des sens. Nous diviserons donc la science en théologie et en philosophie. La philosophie a trois objets : Dieu, la nature et l'homme. Les rayons par lesquels ces choses nous éclairent sont aussi de trois espèces. La nature frappe l'entendement par un rayon direct. La divinité, à cause de l'inégalité du milieu, je veux dire des créatures, le frappe par un rayon réfracté. Enfin, l'homme, montré et présenté à lui-même, le frappe par un rayon réfléchi. Il convient donc de diviser la philosophie en trois doctrines, savoir : doctrine sur Dieu, doctrine sur la nature, doctrine sur l'homme. Or, comme les divisions des sciences ne ressemblent nullement à des lignes différentes qui coïncident en un seul point, mais plutôt aux branches d'un arbre qui se réunissent en un seul tronc, lequel dans un certain espace demeure entier et continu, il est à propos, avant de suivre les membres de la première division, de constituer une science universelle, qui soit la mère commune de toutes les autres. C'est cette science que nous décorons du nom de philosophie première, qui diffère plutôt des autres par les limites où elle est circonscrite, que par le fond et le sujet même, car elle ne considère que ce que les choses ont de plus élevé, que leurs sommités. Elle doit être comme le réservoir des axiômes, non de ceux qui sont propres à chaque science particulière, mais de ceux qui sont communs à plusieurs (1).

(1). Bacon, De la Dignité et de l'Accroissement des Sciences, L. III, ch. 1. — Conf. Aristote, Métaphys. XI, 7, t. 2, p. 177 de la trad. franç., et Analyt. post. 1, 7. « Parmi les notions antérieures, les unes sont communes à plusieurs sciences, tels sont les

» La physique a pour objet l'étude des *causes efficientes* et de la *matière* : elle embrasse ce que les causes ont de vague, d'incertain, de variable selon la nature du sujet, et non ce qu'elles ont de constant. Quant à la métaphysique, nous lui attribuons la recherche des causes *formelles et finales* (1).

» Toutes ces divisions des sciences.. ont plutôt pour but de les caractériser et de les distinguer, que de les détacher les unes des autres et de les séparer.... L'esprit opposé à cette règle rend les sciences stériles, infructueuses et erronées, vu qu'une fois séparées elles cessent d'être nourries, *substantées* et rectifiées par leur source et leur aliment commun. C'est ainsi que nous voyons l'orateur Cicéron se plaindre de Socrate et de son école, disant que Socrate fut le premier qui sépara la philosophie de la rhétorique, et que, par cette séparation, il fit de la rhétorique un art vain et babillard (2). Il n'est pas

axiômes des mathématiques ; et les autres sont propres et sont les termes dont on cherche les attributs essentiels. Les principes communs rattachent les sciences les unes aux autres, et sont l'objet d'une science supérieure, qui est la philosophie. Les principes propres sont les objets spéciaux de chaque science, qui doit en outre tirer ses preuves de sa propre nature, et non des sciences étrangères. Ces principes, ces notions antérieures consistent dans les idées les plus générales comme les moins générales, que l'entendement saisit et reconnaît immédiatement, sans pouvoir ni les expliquer ni les définir. Il n'y a d'erreur possible à leur égard que dans leurs rapports, dans les propositions qui les relient entre elles et avec les conséquences qu'on en peut tirer. »

(1) Ibid, ch. 3.
(2) De l'Orateur, III, 16 et 31.

moins évident que le sentiment de Copernic sur le mouvement de la terre (sentiment aujourd'hui accrédité), ne peut, vu son accord avec les phénomènes, être réfuté par les seuls principes astronomiques ; mais que cependant il peut l'être par les principes de la philosophie naturelle une fois bien établie. Enfin, nous voyons que l'art de la médecine, lorsqu'il est privé du secours de la philosophie, ne l'emporte que de bien peu sur la routine des empiriques (1).

« Les sciences sont comme autant de pyramides, dont l'histoire et l'expérience sont l'unique base..... L'étage le plus voisin de la base est la physique, et le plus voisin du sommet, la métaphysique. Quant au sommet du cône, au point le plus élevé, je veux dire *l'œuvre que Dieu opère depuis le commencement jusqu'à la fin* (2), c'est la loi sommaire de la nature, si toutefois l'investigation humaine peut parvenir jusque-là ! Au reste, ce sont là les trois vrais étages des sciences, et ce sont pour les hommes enflés de leur propre science, et qui ont l'audace de combattre Dieu même, comme ces trois montagnes qu'entassèrent les géants.... Mais pour ceux qui, s'anéantissant eux-mêmes, rapportent tout à la gloire de Dieu, c'est quelque chose de semblable à cette triple acclamation : *Sanctus ! Sanctus ! Sanctus !* car Dieu est saint dans la multitude de ses œuvres, saint dans l'ordre qu'il y a mis, et saint dans leur harmonie. Aussi l'idée suivante de Parménide et de Platon, quoique ce ne soit qu'une pure spéculation, n'en a-t-elle pas moins de justesse et

(1) De la Dignité et de l'Accroiss. IV, 1, § 2. Nov. Org. 1, 107.
(2) Ecclésiastes, c. 3, § 11.

de grandeur : *Toutes choses*, disent-ils, *s'élèvent par une sorte d'échelle à l'unité.* Or, la science qui, sans contredit, tient le premier rang, c'est celle qui débarrasse l'entendement humain de la multiplicité des objets. Et qu'elle autre pourrait-ce être que la métaphysique ? (1) »

« Produire dans un corps donné une nouvelle *nature* (mode ou manière d'être), ou enter de nouvelles *natures* sur une base matérielle proposée, est l'œuvre et le but de la puissance humaine. Quant à la découverte de la *forme* de la *nature* donnée, de sa vraie différence, de sa *nature naturante*, ou enfin de sa *source d'émanation* (car nous ne trouvons sous notre main que ces termes-là qui indiquent à peu près ce que nous avons en vue); cette découverte, dis-je, est l'œuvre propre et le but de la science humaine. Or, à ces deux buts primaires sont subordonnés deux buts secondaires et de moindre importance, savoir : au premier, la transformation des corps concrets d'une espèce en une autre espèce (dans les limites du possible.); au second, la découverte à faire (dans toute génération et tout mouvement productif) de l'action progressive et continue, de la cause efficiente bien reconnue et de la cause matérielle également connue, depuis l'instant où ces causes commencent à agir jusqu'à celui où la forme est introduite. Au second but répond aussi la découverte de la texture cachée des corps considérés dans l'état de repos, et abstraction faite de leurs mouvements (2). »

En présence de cette définition si obscure pour nous et

(1) De l'Augmentat. etc. III, 4, § 12. Platon, v. le Parménide.
(3) N. Org. II, §1.

si compliquée, on peut se demander si Bacon se faisait une idée bien nette des caractères de la connaissance scientifique; mais il faut ici faire la part du temps et de la langue. Par un étrange scrupule, cet audacieux génie, qui venait avec la pensée de renouveler l'esprit humain lui-même, se fit une loi de ne toucher point aux termes reçus, et d'enfermer les idées nouvelles dans les formes alors déjà usées, et dans la langue morte de la scolastique: « Lorsque, dit-il (1), nos conceptions et nos idées sont nouvelles et s'éloignent des idées reçues, nous conservons l'ancien langage avec une sorte de religion, espérant que l'ordre même et la netteté avec laquelle nous nous efforçons d'expliquer toutes choses, empêcheront qu'on n'attache de fausses significations aux termes que nous employons..... Notre ferme résolution est d'accompagner l'antiquité jusqu'aux autels, et de conserver les termes anciens, quoique nous en changions le plus souvent la signification et les définitions; suivant en cela cette manière d'innover si modérée et si louable en politique, qui consiste à changer l'état des choses, en laissant subsister le langage public et reçu, et que Tacite désigne ainsi : Les noms des magistratures étaient toujours les mêmes (2). » Mais cette désignation et ces définitions nouvelles des termes anciens, comment les faire connaître sans recourir au néologisme, ou, comme ici, expliquer l'obscur par le plus obscur? Aussi Bacon est-il contraint d'avouer que les termes de *vraie différence*, de

---

(1) *De la Dignité etc.*, III, ch. 4, § 1. Conf. Nov. Org. L. 2, Aph. 2.

(2) Tacite, Annales, I, 3.

nature naturante et de *source d'émanation*, qu'il donne comme explication de ceux de *nature* et de *forme*, n'indiquent qu'à *peu près* ce qu'il a en vue. Et cependant il s'agit ici du point capital de sa doctrine, de déterminer avec toute la rigueur désirable en pareille matière, quelle est cette science qu'il définit, et dont sa méthode doit être l'instrument créateur. L'idée de cette science est à la fois le point de départ et le terme de la route que trace cette méthode, ainsi que le phare qui en éclaire toutes les parties. La méthode est faite en vue de cette idée, et, tel est l'étroit et intime lien qui les unit, qu'elles ne sauraient se comprendre l'une sans l'autre.

Il faut donc, avant de poursuivre l'exposition de la doctrine de Bacon, s'arrêter à cette définition de la science, et chercher à s'en rendre bien compte, soit par une étude spéciale des divers passages qui peuvent jeter quelque jour sur cette théorie ; soit en remontant à l'origine même de la terminologie, aux textes d'Aristote précédemment rapportés. Il ne faut pas oublier que l'époque de Bacon est fort éloignée de celle de saint Thomas d'Acquin et des beaux temps de la scolastique. On n'étudiait plus guère Aristote lui-même, on ne le connaissait guère que par ses commentateurs, par une sorte de doctrine traditionnelle, qui s'était substituée à celle du maître, et qui seule avait cours dans l'école. Bacon était sans doute remonté à la source ; mais il ne put néanmoins se soustraire entièrement à l'influence de cet enseignement, qu'il avait reçu dans son enfance et qu'il retrouvait dans les livres et les conversations de ses contemporains. Cette influence se trahit incessamment dans ses écrits ; mais nulle part elle n'est plus fâcheuse que dans ce passage d'une si extrême importance, et qui n'eût rien dû laisser à désirer en précision et en clarté, puisqu'il doit être la clef de toute la doctrine de Bacon sur la méthode.

L'obscurité de cette définition tient aux termes de *forme*, de *nature*, de *progrès* et de *texture cachée*, que Bacon y emploie et qui se retrouvent fréquemment dans tous ses écrits. De ces termes, un seul, celui de *forme* présente des difficultés réelles, dont nous venons de voir les causes ; les trois autres s'expliquent aisément.

1° Par *nature*, Bacon entend une qualité quelconque d'une substance, telle que la blancheur, la chaleur, etc. (1)

2° « Nous ne désignons point, dit-il (2), par *progrès caché* certaines mesures, certains signes, certaines gradations visibles dans les corps; mais *une action tout à fait continue et considérée dans toute sa continuité qui échappe presque entièrement aux sens.* » Cette action peut être étudiée dans les corps, considérés soit comme assemblage ou combinaison de natures simples, soit comme concrets et tels qu'ils se trouvent dans la nature abandonnée à son cours ordinaire. C'est ainsi que « celui qui connaît les formes et les procédés nécessaires pour produire à volonté la couleur jaune, la grande pesanteur spécifique, la ductilité, etc., et connaît de plus la manière de produire ces

---

(1) Nov. Org. II, aph. 3.
(2) Ibid. aph. 5 et 6. « Le progrès caché, c'est, dit M. Bouillet, la série des opérations par lesquelles une substance passe d'un état à un autre, sous l'action d'une cause dont on a pu voir la première application, mais dont l'opération ultérieure échappe à l'observation. » Tom. 2, p. 483.

qualités à différents degrés, verra les moyens et prendra les mesures nécessaires pour réunir toutes ces qualités dans tel ou tel corps, d'où s'ensuivra sa transformation en or. Cette manière d'opérer est la première, *la grande méthode, qui procède d'après la considération de ce qu'il y a d'éternel, d'immuable et d'universel dans la nature* (1). Quand à la seconde sorte de progrès caché, elle consiste, par exemple, dans cette suite continue d'actions d'où résulte l'alimentation, à partir du moment où l'animal reçoit l'aliment, jusqu'à celui de la parfaite assimilation. Cette seconde espèce de recherche, plus à notre portée, nous laisse aussi plus d'espérance de succès que celle qui procède par les formes des natures simples.

3° La recherche de la *texture cachée* n'a pas pour objet l'anatomie, mais l'intime constitution des corps qu'on regarde comme similaires, ainsi que celle de leurs parties, telles que la constitution du fer, de la pierre, de l'animal, de la plante, et des parties de ces derniers. « C'est à ce but que tend le soin avec lequel les chimistes analysent les corps similaires,.... afin que, par la réunion des parties homogènes, l'hétérogénéité du composé devienne plus sensible. » Mais cette analyse, ce n'est pas à l'aide du feu qu'il faut la faire, mais à l'aide de la raison et de la véritable induction, par le moyen de certaines expériences auxiliaires et décisives. « Il faut quitter Vulcain pour Minerve, pour peu qu'on ait à cœur de placer dans une vive lumière la vraie structure des

---

(1) Passage marqué d'un caractère platonicien. Voir encore : vieneac Nov. Org. II, 8.

corps (1). » C'est de cette même source que découle la véritable règle de toute puissante altération ou transformation. Par exemple, il faut, dans chaque corps, déterminer tout ce qui concerne soit *l'esprit*, soit le corps tangible, « Tous les corps tangibles que nous connaissons, renferment un esprit invisible et impalpable, auxquels ils servent d'enveloppe et comme de vêtement, d'où résultent trois genres ou modes d'action, qui sont la triple source des effets de l'esprit sur le corps tangible. Lorsque cet esprit renfermé dans le corps tangible, s'exhale, il contracte ce corps et le dessèche ; s'il y est détenu, il l'amollit ou le liquéfie; enfin, s'il n'est ni tout-à-fait émis ni tout-à-fait détenu, il figure, il forme des membres, il assimile, il évacue, il organise. Or, toutes ces différentes actions sont rendues sensibles par leurs effets extérieurs. — En effet, l'esprit qui se trouve renfermé dans tout corps inanimé,... ronge, pour ainsi dire, celles des parties tangibles qui, par leur disposition actuelle, lui donnent le plus de prise; il les digère, les transforme, les convertit en sa propre substance, et s'exhale avec elles. Cette confection et cette multiplication de l'esprit devient sensible par la diminution du poids ;... et ce déchet ne se prend pas sur l'esprit déjà formé et préexistant dans le composé, mais sur les parties mêmes qui étaient tangibles et qui viennent d'être converties en esprit, l'esprit proprement dit étant sans

(1) N. Org. II, aph. 7 et 8. Testure cachée; arrangement caché des dernières molécules, constitution intime d'un corps, en vertu de laquelle un corps est, par exemple, plus ou moins dense, solide, liquide, etc. M. Bouillet, t. 2, p. 484.

pesanteur.... En effet, dans les corps très compactes, l'esprit ne trouvant point de pores, d'issues par où il puisse s'échapper, est forcé d'attaquer les parties tangibles, de les heurter, de les détacher les unes des autres et de les chasser devant lui, de manière qu'enfin il s'échappe avec elles. C'est ainsi que se forment la rouille et d'autres substances. Mais la contraction des parties tangibles après l'émission d'une partie de l'esprit,... est rendue sensible par la dureté même du corps, qui est alors augmentée, mais plus encore par les fentes, les gerçures, le rétrécissement, les rides et les plis du corps, tous effets résultant de cette contraction.... Au contraire, lorsque l'esprit, quoique retenu, ne laisse pas d'être dilaté et excité par la chaleur ou toute autre cause analogue, effet qui a lieu dans les corps très solides et très tenaces, tels de ces corps, comme le fer incandescent, s'amollissent seulement ; d'autres, tels que certains métaux, deviennent coulants... Mais, si l'esprit, n'étant ni tout-à-fait retenu, ni tout-à-fait émis, s'agite seulement, et s'essaie dans les limites du corps où il est comme emprisonné ; si de plus il trouve sous sa prise des parties tangibles, souples, obéissantes, promptes à courir partout où il agit, et à suivre tous ses mouvements, alors il en résulte une configuration régulière et la formation d'un corps organique avec tous ses membres et toutes les autres actions vitales, tant dans les végétaux que dans les animaux...... On peut distinguer trois espèces ou modes d'esprit, savoir : l'esprit qui fait que les corps sont composés de parties séparables (*spiritus abscissus*) ; l'esprit qui fait des rameaux, (*spiritus ramosus*) ; et enfin l'esprit qui produit à la fois des rameaux et des cellules (*spiritus ramosus et cellulatus*). Le premier est celui des corps inorganiques, le second celui des végétaux, et le troisième celui des animaux (1). Le corps tangible n'est pas susceptible d'un moindre nombre d'altérations que l'esprit. Il faut analyser sa texture et l'éplucher, pour ainsi dire, fibre à fibre..... Et nous n'irons pas pour cela nous perdre dans les atômes dont l'existence suppose le vide et une matière immuable (deux hypothèses absolument fausses) ; mais notre marche ne nous conduira qu'aux particules véritables de la matière, et telles que nous les trouvons dans la nature....(1). « Parmi les différences de texture, la plus radicale, la différence vraiment primaire, c'est celle qui se tire de la plus grande ou de la moindre quantité de matière comprise dans le même espace ou sous les mêmes dimensions. (2)...... » On voit par ces extraits que Bacon admettait, avec la philosophie de son temps, que tous les corps étaient composés de deux parties, une matière tangible et des esprits invisibles et impalpables, qui, par leur abondance ou leur rareté, par leur augmentation ou leur diminution, produisaient tous les effets qui se manifestent dans la forme sensible du corps. La science moderne désigne ces esprits sous les noms de fluides. L'étude de la texture cachée des corps est donc proprement ce que nous appellerions l'étude des fluides, des corps impondérables, tels que la chaleur, la lumière.

(1) Nov. Org. II, aph. 40.
(1) Nov. Org. II, aph. 8.
(2) Ibid. aph. 40, et Règles mobiles sur la durée de la vie et la forme de la mort, 2 sqq., t. 2, p. 325 sqq.

l'électricité, le fluide nerveux, etc., ou, plus généralement, l'étude des forces de la nature considérées dans les modifications qu'elles font subir aux corps où elles se trouvent.

4° Le quatrième terme dont nous avons à chercher l'explication, la *forme*, paraît avoir présenté à Bacon lui-même de grandes difficultés, à en juger du moins par les efforts réitérés qu'il fait pour en donner une idée précise. Elles tiennent à ce que les idées de Platon et celles d'Aristote sur cette question, se mêlent sans cesse à celles de Bacon, qui se laisse dominer tantôt par les unes et tantôt par les autres, ce qui ne permet pas de saisir et de suivre aisément l'unité réelle de sa doctrine dans son développement. Ces difficultés tiennent encore, comme on l'a déja constaté, à la terminologie scolastique, et enfin à la nature même du sujet, qui, tout nouveau à cette époque, était obscurci par une multitude de préjugés, d'erreurs, de conceptions hypothétiques et d'*anticipations de la nature*.

Nous avons vu qu'elle était la doctrine d'Aristote sur la *forme* ou les causes formelles. Bacon lui-même expose celle de Platon telle qu'il la conçoit : « Platon, dit-il, homme d'un sublime génie, qui, promenant ses regards sur toute la nature, semblait contempler toutes choses d'un rocher élevé, a très bien vu, dans sa doctrine des idées, que *les formes sont les véritables objets de la science*, quoiqu'il ait lui-même perdu tout le fruit de cette opinion si bien fondée, en envisageant et en s'efforçant d'embrasser des formes tout-à-fait immatérielles et non déterminées dans la matière. » De même qu'il ne serait ni facile ni utile de chercher la forme de tel son qui compose tel mot (le nombre des mots que peuvent former les lettres par leur combinaison étant infini), mais que la recherche de la forme du son qui constitue telle lettre simple, c'est-à-dire de celle où il s'agit de savoir par quelle espèce de choc et d'application des instruments de la voix il est formé, que cette recherche est possible et même facile ; et que ce sont pourtant ces formes de lettres qui, une fois connues, conduisent aussitôt à la connaissance de celles des mots ; de même encore, en cherchant la forme du lion, du chêne, de l'or, ou même celle de l'eau ou de l'air, on perdrait ses peines. Mais découvrir la forme de l'une ou de l'autre des natures exprimées par ces mots : *dense*, *rare*, *chaud*, *frais*, *pesant*, *léger*, *tangible*, *pneumatique*, *volatil*, *fixe*, et autres semblables manières d'être, soit modifications de la matière, soit mouvements, ... qui, semblables en cela aux lettres de l'alphabeth, ne sont pas en si grand nombre qu'on pourrait le penser, et qui ne laissent pas néanmoins de constituer les essences, les formes de toutes les substances, et de leur servir de base ; c'est à cela même que tendent tous nos efforts.... Cherche-t-on, par exemple, la *cause* de la blancheur qu'on observe dans la neige ou l'écume ; c'est en donner une juste explication que de dire que ce n'est qu'un subtil mélange de l'air avec l'eau ; mais il s'en faut de beaucoup que ce soit là précisément la *forme* de la blancheur, attendu que l'air, mêlé aussi avec le verre ou cristal pulvérisé, produit la blancheur tout aussi bien que par son mélange avec l'eau ; et ce n'est là qu'une *cause efficiente*, laquelle n'est autre chose que le véhicule de la forme. Mais si vous faisiez la même recherche en métaphysique, vous trouveriez à peu près le résultat suivant, savoir : que deux corps diaphanes mêlés l'un avec l'autre par portions optiques disposées dans un ordre simple ou uniforme, constituent la blancheur (1). »

Il faut avoir soin de ne confondre pas les formes *réelles* avec les formes *conjuguées* ou combinaisons de natures simples faites par la nature, telles que le lion, l'aigle, l'or, la rose, etc. ; ni avec les *formes* ou notions purement *abstraites*, non déterminées ou mal déterminées dans la matière. Pour nous, *quand nous parlons des formes*, nous n'entendons rien autre chose que *les lois et les déterminations de l'acte pur qui caractérisent et constituent telle ou telle nature simple*, comme la chaleur, la lumière ou la pesanteur dans toute espèce de matière ou de sujet qui en est susceptible. En effet, dire la *forme* de la lumière ou la *forme* de la chaleur, et dire la *loi* de la lumière ou la *loi* de la chaleur, ce n'est pour nous qu'une seule et même chose ; car nous avons grand soin de ne pas nous éloigner des objets réels, ni de la partie active. Ainsi, quand nous disons, par exemple, dans la recherche sur la forme de la chaleur : répétez la ténuité, ou, la ténuité ne fait point partie de la forme de la chaleur, c'est comme si nous disions : l'homme peut introduire la chaleur dans un corps dense, ou au contraire : l'homme peut ôter la chaleur à un corps ténu. Que si ces formes dont nous parlons ici semblaient à quelqu'un avoir

---

(1) De Augmentis, III, ch. 4, § 11.

aussi je ne sais quoi d'abstrait, en ce qu'elles réunissent et allient ensemble certaines choses regardées communément comme hétérogènes (car on regarde, en effet, comme très hétérogènes : la chaleur des étoiles et celle du feu artificiel ; le rouge fixe dans la rose ou autres corps semblables, et celui qui paraît dans l'iris ou dans les rayons que jette l'opale ou le diamant ; la mort par submersion, par combustion, ou par le feu, ou par un coup d'épée, ou par une attaque d'apoplexie, ou par suite de la vieillesse, bien qu'il y ait *similitude dans la nature*, qui est la chaleur, le rouge et la mort) ; que celui, dis-je, qui parle ainsi sache se dire à lui-même qu'il a un entendement préoccupé et asservi par les préjugés, par l'habitude d'envisager les corps dans leur composition et par les opinions reçues, et que dans chaque chose il ne sait voir que le tout et non les parties. Car il n'est pas douteux que ces choses qui lui paraissent si hétérogènes et si étrangères les unes aux autres, ne laissent pas de se réunir et de coïncider dans la forme ou la loi qui constitue ou la chaleur, ou le rouge, ou la mort (1). »

« Quoique, à proprement parler, il n'existe dans la nature que des corps individuels, opérant par des actes purs et individuels aussi en vertu d'une certaine loi, néanmoins, dans les sciences, la recherche et l'explication de cette loi est la vraie base de la théorie et de la pratique. C'est cette loi et ses *paragraphes* que nous désignons sous le nom de formes, d'autant plus que ce mot est familier et usité (2). »

(1) Nov. Org. II., aph. 17.
(2) Ibid. aph. 2.

« Les formes ou les vraies différences des choses ne sont au fond que les lois mêmes de l'acte pur (1). »

« Celui à qui la forme est connue, connaît aussi le plus haut degré de possibilité pour introduire une nature ou propriété donnée dans toute espèce de matières, et il en est d'autant moins astreint dans les opérations, soit à la base matérielle, soit à la condition de l'efficient. (2). »

Ainsi, les formes de Bacon sont, comme les idées de Platon, le *véritable objet des sciences*. Ces formes, il faut les chercher et les étudier, non dans les choses, mais dans les propriétés simples, telles que la chaleur, la lumière : elles sont les conditions les plus générales attachées à la production de ces propriétés ou natures, les lois ou déterminations de l'acte pur, qui règlent dans son développement et constituent chacune de ses propriétés. Dire, par exemple, que la ténuité n'est pas l'une des formes de la chaleur, c'est dire qu'elle n'est pas l'une des conditions générales qui concourent ou s'opposent à la production de la chaleur. Les formes sont donc proprement *les lois de la nature*. La même loi agit dans les circonstances les plus diverses. Elle établit une similitude de nature dans ces circonstances, en ce que celles-ci se réunissent et coïncident dans une même loi, sont susceptibles d'une même et commune explication. La connaissance des lois de la nature fait notre puissance.

Nous venons de voir quel est le sens attaché par Bacon aux quatre termes principaux de la définition de la science. L'obscurité de ces termes est dissipée, celle de la

---

(1) Id. I, aph. 51 et 75.
(2) De Aug., L. III, ch. 4, § 12.

définition disparaît en même temps ; il suffit pour cela de substituer aux termes techniques les définitions qu'en a données Bacon lui-même, et que nous venons de tirer de ses écrits. Voici donc la forme nouvelle sous laquelle on peut présenter cette théorie :

Le but de la science est double : dans la pratique, c'est d'augmenter le pouvoir de l'homme en lui apprenant à donner aux choses des propriétés nouvelles, et, subsidiairement, à transformer une substance en une autre substance ; dans la spéculation, c'est de découvrir les lois de la nature, et, subsidiairement, de savoir : 1° les actions continues qui s'opèrent dans les corps et échappent presque entièrement aux sens ; 2° les forces de la nature considérées dans les modifications qu'elles font subir aux corps où elles se trouvent (1).

On voit que les trois termes essentiels de cette définition ne sont que trois aspects d'une même chose ; qu'il s'agit de trois formes sous lesquelles, selon Bacon, se présentent les forces de la nature ; et comme rien n'empêche d'omettre les caractères qui les différencient les unes des autres, on peut substituer à cette définition un peu longue et compliquée, cette formule plus simple et parfaitement équivalente, quoique moins explicite : *la science consiste dans la connaissance des lois de la nature,* ce qui range Bacon dans la classe des philosophes dynamistes. Rien n'est d'ailleurs moins contestable que ce caractère de la doctrine de Bacon, qui s'est exprimé dans ce sens avec une force et une précision qui ne laissent

---

(1) V. encore Esquisse., § 2.

rien à désirer. « Placer l'étude de la nature, dit-il, dans *l'examen et la contemplation du mouvement*, c'est se montrer *habile observateur des phénomènes ;* mais observer et présenter les *principes inertes* des choses, c'est vouloir dire des mots et soulever des discussions. J'appelle inertes les principes qui enseignent de quoi les choses se *composent* et en quoi elles *consistent*, mais qui ne disent rien de la *puissance* et du *moyen qui les réunissent*... Ce n'est, pour ainsi dire, qu'en passant qu'on a parlé des principes du *mouvement*, de sorte qu'on ne saurait assez s'étonner en voyant avec quelle négligence et quel abandon on s'est livré à l'étude et à la recherche de ce qu'il y a de plus grand et de plus utile (1). « ..... » Le *repos simple et absolu*, en parties et en tout, *n'existe pas ;* et ce que nous regardons comme tel est produit par les obstacles, les empêchements et les équilibres des mouvements.... Si, dans une lutte, un homme en tient un autre plus faible de manière à l'empêcher de remuer malgré tous les efforts de celui-ci, il n'en est pas moins vrai qu'il y a mouvement de résistance ; bien qu'il soit impuissant et qu'il soit soumis à un mouvement de force supérieure (2)... »

Mais où se montre avec le plus d'éclat ce caractère dynamiste de la doctrine de Bacon, c'est surtout dans cette expression si heureuse et si profondément vraie, que nous avons rencontrée déjà dans la philosophie ionienne, et par laquelle l'auteur du *Novum Organum* définit en-

---

(1) *Pensées sur la nature des choses*, III, t. 3, p. 88.
(2) Ibid. VI, t. 3, p. 96. Conf. N. Org., II, aph. 48, t. 2 p. 214 sq.

core la science de la nature, quand il l'appelle l'*interprétation de la nature*, par opposition avec *l'anticipation* ou l'hypothèse, fondée sur des expériences incomplètes (1). Par ces seuls mots *d'interprétation de la nature*, l'idée de la science et la méthode par laquelle la science s'acquiert, se trouvent définies et caractérisées toutes deux à la fois, sous une forme pittoresque, et avec une justesse, une clarté et une concision qui ne laissent rien à désirer. Toutes les sciences modernes, tout l'immense mouvement sorti des travaux de Galilée, de Bacon, de Leibnitz et de Neuton, se trouve contenu en germe dans cette simple formule, et l'histoire de l'esprit humain ne présente pas un second exemple d'un pareil bonheur d'expression. En effet, et pour ne prendre que la seule définition de la science, si la science de la nature en est l'interprétation, voilà aussitôt tout les phénomènes de la nature transformés en autant de signes, et la nature elle-même en un livre écrit dans une langue dont les phénomènes sont les caractères et les mots. Leur ensemble ne forme pas, comme le suppose la *méthode des classifications*, une sorte de vocabulaire où les mots sont classés d'après certains caractères extérieurs et visibles, dont la connaissance constituerait la science ; cet ensemble est un tout organique, composé avec art, où chaque partie concourt à l'harmonie de l'ensemble, mais dont l'art et l'harmonie n'apparaissent qu'à celui qui pénètre au delà des signes visibles et palpables, au delà des mots, jusqu'au sens et aux idées que les mots expriment, et dont

(1) Id. I, aph. 26.

ils ne sont que des symboles souvent équivoques et arbitraires. Il n'y a point de signes sans une chose signifiée ; point de phénomène sans une cause, sans une force capable de le produire et de l'action de laquelle il n'est que le signe ; et, de même que le signe n'a de valeur que par son rapport avec la chose signifiée, de même le phénomène n'a de valeur scientifique que par son rapport avec la force qui le produit. Ces rapports sont nécessairement soumis à des règles, sans la connaissance desquelles ni le signe ni le phénomène ne peuvent être interprétés. Les régles qui lient le phénomène à la force sont précisément la loi de la force, loi dont la connaissance fait la science du phénomène. La connaissance du phénomène forme ce qu'on appelle la connaissance de fait; celle de la loi est la science. La connaissance de fait et la science n'ont donc pas le même objet ; l'une a pour objet le phénomène ; l'autre, la loi de la force qui produit le phénomène ; l'un donne le signe, et l'autre, la chose signifiée; de sorte que, non-seulement on peut connaître le fait sans avoir la science, ce qui est l'ordinaire, mais on peut avoir la science sans connaître le fait, comme l'avait déjà remarqué Aristote (1). Ainsi, dire que la *science est l'interprétation de la nature*, c'est dire d'abord que le monde est un vaste système de forces, dont l'action se révèle dans les phénomènes qui en sont les symboles visibles ; c'est dire encore que l'objet de la science c'est, non le phénomène qui tombe sous le sens, mais la force qui produit le phénomène et dont l'action.

---

(1) Aristote, Dern. Anal. I, I., p. 71, b., 8.

soustraite aux sens, n'est saisie que par la raison, par la raison qui, dirigée par l'induction, interprète librement, mais non arbitrairement le phénomène; c'est enfin donner la définition de la science telle que l'ont entendue Leibnitz, Neuton et leurs successeurs; c'est, en un mot, donner la *formule scientifique du dynamisme.*

Savoir par la cause et *interpréter la nature* sont donc deux expressions synonymes. Aristote s'était arrêté à la première, Bacon les a adoptées toutes deux, mais en même temps il a cru devoir restreindre la portée que le Stagirite avait donnée à sa formule, et, des quatre causes qu'elle comprenait, il n'en a adopté complètement que trois, reserrant la cause finale dans de plus étroites limites et la rejetant même dans une partie notable des recherches scientifiques. « La recherche des causes finales, dit-il, est stérile, et, comme les vierges consacrées au Seigneur, elle n'engendre point (1). » — « L'indiscrète introduction de ces causes dans la physique, a dénaturé cette science (2). » — « Les causes finales tiennent infiniment plus à la nature de l'homme qu'à celle de l'Univers (3). » — « La recherche des causes finales est l'objet de la seconde partie de la métaphysique, partie... non oubliée, mais mal placée, car ces causes, on est dans l'habitude de les chercher parmi les objets de la physique, et non parmi ceux de la métaphysique... Cette manie a chassé de la physique et comme banni la

---

(1) De Aug. III, ch. 5, § 1.
(2) Esquisse, § 13.
(3) Nov. Org. I, aph. 48 et II, aph. 2.

recherche des causes physiques. Elle a fait que les hommes se reposant sur des apparences, sur des ombres de causes de cette espèce, ne se sont pas attachés à la recherche des causes matérielles et vraiment physiques, et cela au grand préjudice des sciences.... En effet, si, pour expliquer certaines dispositions et conformations du corps humain, l'on disait que les paupières avec les poils qui les couvrent, sont comme une haie, comme un rempart pour les yeux, etc., ces raisons pourraient être alléguées en métaphysique ; mais en physique elles sont tout à fait déplacées.... Toutes les explications de cette espèce sont semblables à ces *remoras* qui, comme l'ont imaginé certains navigateurs, s'attachent aux vaisseaux et les arrêtent... Elles ont, pour ainsi dire, retardé la navigation et la marche des sciences, les ont empêchées de se tenir dans leur vraie route et les ont comme forcées de rester là ; elles ont fait que depuis longtemps la *recherche des causes physiques languit négligée*..... Quand nous parlons ainsi, ce n'est pas que les causes finales nous paraissent n'avoir aucune réalité et ne méritent aucunement nos recherches dans les spéculations métaphysiques ; mais c'est que, dans les excursions et les irruptions continuelles que font les causes finales dans les possessions des causes physiques, elles ravagent et bouleversent tout dans ce département ; autrement, ce serait se tromper lourdement que d'imaginer que les causes finales, une fois bien circonscrites dans leurs limites, puissent combattre et lutter contre les causes physiques ; car l'explication qui consiste à dire que les paupières sont le rempart des yeux, n'a rien d'incompatible avec celle qui dit que les poils naissent ordinairement près des orifices des parties humides.... Ces deux explications s'accordent parfaitement bien, avec cette différence pourtant que l'une désigne une intention, et l'autre un simple effet. De telles observations, loin de mettre en doute la providence divine, donnent plus de grandeur et de solidité à l'idée que nous en avons ; car, de même que, dans les relations de la vie ordinaire, si un homme savait, pour aller à ses fins et pour satisfaire ses désirs, se prévaloir de l'assistance des autres sans leur communiquer ses desseins, et cela de manière qu'il les engageât à faire tout ce qu'il voudrait sans qu'ils s'aperçussent jamais qu'ils ne sont que ses instruments, la politique de cet homme-là nous paraîtrait sans doute plus profonde et plus admirable que s'il mettait dans sa confidence tous les ministres de sa volonté ; de même aussi la sagesse divine se fait bien plus admirer, si, tandis que la nature fait une chose, la Providence en tire une autre, que si les caractères de cette Providence étaient imprimés dans toute texture de corps, et dans tout mouvement naturel..... Ainsi, tant s'en faut que la considération des causes physiques détourne les hommes de Dieu et de la Providence, qu'il faut plutôt dire que les philosophes, qui ont fait tant d'efforts pour les découvrir, n'ont trouvé d'autre moyen pour se tirer d'affaire, que de recourir enfin à la croyance en Dieu et en la Providence (1). »

A ces considérations générales sur l'objet de la science, s'en joignent quelques autres qui, souvent neuves et

(1) De Aug. III, ch. 4, § 13.

presque toujours ingénieuses, achèvent de préciser les idées de Bacon sur ce point essentiel de sa doctrine.

« L'homme, dit-il, interprète et ministre de la nature, n'étend ses connaissances et son action qu'à mesure qu'il découvre l'ordre naturel des choses, soit par l'observation, soit par la réflexion; il ne sait et ne peut rien de plus (1). » — « La science est un commerce établi entre l'esprit et les choses, commerce auquel il n'est presque rien de comparable sur la terre, ou du moins dans les choses terrestres (2). » — Il n'est point d'objets, si vulgaires qu'ils soient ou si vils qu'ils puissent paraître, qui soient indignes de la science : « tout ce qui est digne de l'existence, est aussi digne de la science, qui est l'image de la réalité (3). » — « Il se trouve un terme de puissance et de science humaines dans les facultés dont la nature a doué l'homme pour l'action et la pensée; il en est un aussi dans les choses qui sont à sa portée ; car, au delà de ces dernières bases, les premiers instruments sont entièrement inutiles. Ces facultés, toutes faibles et incapables qu'elles sont en elles-mêmes, si elles sont dirigées avec ordre et raison, ont un si grand pouvoir qu'elles mettent à la disposition de notre jugement et de notre usage les choses les plus éloignées des sens et de notre portée, et qu'elles surmontent une plus grande difficulté de travail et une plus grande obscurité de science qu'on n'a pu en rencontrer jusqu'ici (4). — « Si l'on y

(1) N. Org. I, aph. 1.
(2) Exposit. de la grande Rest., § 1.
(3) N. Org. I, aph. 120, Conf. ibid. 84.
(4) Nov. Org. I, aph 73.

fait bien attention, on trouve que les sciences, outre la profondeur, ont encore deux autres dimensions, savoir : la largeur et la longueur. La profondeur se rapporte à leur vérité et à leur réalité ; car ce sont ces conditions qui donnent de la solidité aux connaissances. Quant aux deux autres, la largeur doit être prise et mesurée d'une science à l'autre, et la largeur se prend de la proposition la plus élevée jusqu'à la plus basse, dans une même science (1). » — « L'ordre dans les sciences n'a pour but que l'éclaircissement de la vérité, et ne tient point à leur substance (2). »

Mais, de tous les traits qui caractérisent la science, le plus important, c'est le rapport intime qui unit la théorie et la pratique. Ce rapport, Bacon y revient sans cesse ; il ne se lasse pas d'y insister dans les termes les plus énergiques et d'en montrer tous les côtés qu'il croit les plus propres à frapper l'attention du lecteur. Il rectifie les fausses idées qu'on se faisait du but de la science, et qui, jusqu'alors, avaient frappé de stérilité tous les efforts de l'esprit humain, les investigations ingénieuses des Grecs et les subtiles études de la scolastique. « A peine, dit-il, durant le cours de tant de siècles, peut-on citer une seule expérience tendant à adoucir la condition humaine, et dont on puisse se croire vraiment redevable à toutes ces spéculations et à tous ces dogmes philosophiques (3). » — « Le but de la science doit être d'inventer et de juger non pas seulement des argu-

(1) Esquisse, § 2; Conf. De Aug. I, § dernier.
(2) De Augm. III, ch. 4, § 13.
(3) Nov. Org. I, aph. 73.

ments et des probabilités, mais des choses réelles et des moyens effectifs (1). — « L'esprit humain, lorsqu'il opère sur une matière bien réelle en contemplant les œuvres de Dieu et de la nature, est dirigé dans son travail par cette matière même, et elle lui fait trouver un terme, une fin ; mais quand il revient sur lui-même, semblable à l'araignée qui forme sa toile de sa propre substance, il n'est plus de fin pour lui, et il ourdit certaines toiles scientifiques, admirables sans doute par la finesse du fil et la délicatesse de la main-d'œuvre, mais tout-à-fait frivoles et sans utilité (2). » — « Notre manière à nous, et ce tour d'esprit, nous le devons peut-être à notre genre de vie tout politique, est de faire peu de cas de ce qui ne va qu'à faire valoir l'art sans être au fond d'aucune utilité (3). » Le vrai *criterium* de la science, c'est non la subtilité ou la profondeur des raisonnements, mais la fécondité des œuvres et l'utilité des applications ; la vraie philosophie est une *science active*. « La raison n'a qu'une seule manière d'agir, mais elle peut avoir deux fins distinctes, deux buts différents ; car le but de l'homme peut être ou de savoir et de contempler, ou d'agir et d'effectuer, et l'on a en vue ou la connaissance et la simple contemplation de la cause, ou la nature de l'effet et l'étendue de son influence. Ainsi, *connaître la cause d'un effet proposé, ou d'une nature donnée dans toute espèce de sujet, est le véritable but de la science humaine ; et, sur une base matérielle, enter un effet quelconque, ou telle nature qu'on*

---

(1) Esquisse, § 2 ; conf. De Aug. I, § dernier.
(2) De Augm. I, § 31. N. Org. I, 95.
(3) De Augm. V, ch. 5 § 52.

voudra (dans les limites du possible toutefois), *est le but de la puissance humaine;* mais pour peu qu'on ait de pénétration et de justesse dans les idées, on reconnaît aisément que *ces deux buts* en apparence différents, *ne laissent point de coïncider; ce qui joue le rôle de cause dans la théorie, joue celui de moyen dans la pratique. Savoir, c'est connaître les causes; exécuter, c'est employer les moyens répondant à ces causes* (1). » — « Si l'on manque les effets, c'est par l'ignorance des causes (2). » Aussi n'est-il en ce monde aucune ambition plus pure et plus auguste que celle de l'homme qui travaille à fonder la puissance, à élever l'empire de l'homme lui-même et du genre humain sur l'universalité des choses. Or, l'homme n'obtient d'empire que par la science : son savoir est la mesure de son pouvoir.... Pendant que je roulais dans mon esprit tout ce qui se présentait sur la vertu et la force des découvertes, vertu si simple et si pure qu'elle se confond avec le service et le bienfait qu'elle procure ; cette qualité ne m'est apparue nulle part avec plus d'éclat que dans trois découvertes qui ont été inconnues des anciens, et dont les prémisses n'ont pas encore à beaucoup près jeté tout l'éclat qu'on est en droit d'en attendre : je veux parler de l'art de l'imprimerie, de la poudre à canon et de l'aiguille nautique. Ces découvertes en petit nombre, comme on voit, et qui, pour l'époque où elles ont paru, ne sont pas très distantes l'une de l'autre, ont en effet changé la face et l'état des choses sur le globe, savoir : la première dans le monde littéraire, la

---

(1) Esquisse, § 2.
(2) Distrib. de la grande Restaur. VI, § 29.

seconde dans le sphère des armes, la troisième dans le système de navigation ; d'où a depuis procédé une infinité d'autres révolutions qui, certes, n'échappent point à des regards attentifs ; en sorte qu'il n'est pas de gouvernement, de doctrine, d'astres qui aient exercé une plus grande puissance, je dirai même une influence si intime sur les choses humaines, que ces trois moyens mécaniques.... (1). » Mais dans cette voie même il est des écueils à éviter : « Il ne faut pas, pour recueillir aussitôt les fruits d'une expérience, se détourner de la droite route et, à l'exemple d'Atalante, s'arrêter pour ramasser la pomme d'or, au risque de laisser échapper ainsi la victoire. Dans la vraie carrière de l'expérience, si l'on veut en étendre les limites par ses découvertes, il faut prendre pour modèle la divine sagesse et l'ordre qu'elle a établi dans l'univers ; car nous voyons que le premier jour Dieu ne créa que la lumière ; qu'il consacra ce jour tout entier à ce seul ouvrage, et ne daigna s'abaisser à aucune œuvre matérielle et grossière. C'est ainsi qu'il faut, rassemblant une multitude de faits de toute espèce, tâcher d'abord d'en extraire la connaissance des causes et des principes. Il faut, en un mot, s'attacher d'abord aux *expériences lumineuses*, et non aux *expériences fructueuses*. Les principes une fois bien saisis et solidement établis fournissent à la pratique de nouveaux moyens, non d'une manière étroite, serrée et comme un à un, mais largement et avec profusion ; ils traînent après eux une armée de nouveaux procédés (2). »

(1) Pensées et vues, 16.
(2) Nov. Org. I, aph. 70.

En résumé : 1° savoir scientifiquement, c'est connaître la cause et la loi, c'est interpréter la nature ; 2° la recherche de la cause finale doit être circonscrite dans les limites de la métaphysique ; 3° la science et la puissance humaine coïncident ; enfin, 4° il faut s'attacher d'abord aux *expériences lumineuses* et non aux *expériences fructueuses*.

Le trait essentiel de cette doctrine, c'est la définition de la science par la connaissance de la cause, définition empruntée à Aristote, et qui ouvre une vue profonde sur la pensée de Bacon, en marquant sa place, non où l'on a coutume de la chercher, dans les rangs des matérialistes, mais dans cette suite d'esprits éminents, qui ont fait de la considération des forces et des lois le propre et unique objet de la science. Tout le problème de la nature de la science consiste à déterminer les caractères essentiels qui distinguent la connaissance de fait de la connaissance scientifique. Ceux qui, à l'instar de Descartes, ne voient dans la succession des phénomènes que le mouvement des molécules matérielles, disent que la science consiste dans la classification des choses d'après leurs ressemblances et leurs différences apparentes ; ceux, au contraire, qui voient dans cette succession le jeu de causes et de forces soumises à des lois, définissent la science en disant qu'elle est la connaissance de ces causes et de ces lois. Cette diversité dans la manière de comprendre et d'expliquer l'idée de la science en général, se reproduit naturellement dans la manière de comprendre et d'expliquer les sciences particulières ; de sorte que chacune de ces définitions est proprement le point de départ de tout un système, embrassant l'ensemble des connaissances humaines. L'une de ces définitions étant donnée, pour peu qu'un auteur ait de suite et de conséquence dans ses idées, elle détermine et caractérise sa méthode, sa manière d'aborder et de résoudre les problèmes de la métaphysique des sciences ; elle éclaire ses solutions, elle permet au besoin de combler les lacunes de sa doctrine. Elle est proprement l'essence et l'esprit de son système. Lors donc que la pensée d'un auteur s'est portée sur l'ensemble des connaissances humaines, et que, comme Bacon, il s'est proposé de les classer et de fixer les règles d'après lesquelles l'édifice en doit être élevé, le premier soin de celui qui désire apprécier ce travail doit être de remonter à l'idée de la science qui en a été le point de départ, afin de reconnaître par là l'esprit qui l'a inspiré.

Cet examen est d'autant plus opportun pour la doctrine de Bacon, que l'esprit de cette doctrine a été généralement mal compris. Le mérite de Bacon fut longtemps méconnu même dans son propre pays ; en France, ce ne fut guère qu'au dix-huitième siècle que sa gloire brilla d'un vif éclat. Voltaire appela sur lui l'attention générale, et les Encyclopédistes, en se mettant sous son patronage, excitèrent en sa faveur un enthousiasme si universel que la traduction de ses œuvres faillit devenir une entreprise nationale. Mais ils lui firent payer fort cher cet honneur : ils altérèrent ses écrits et travestirent sa pensée, pour faire un matérialiste et un athée de l'un des penseurs les plus religieux du dix-septième siècle. Aussi, quand l'abbé Emery voulut rétablir la vérité, pour réfuter ces prétendus interprètes de Bacon, n'eut-il qu'à recueillir dans ses écrits les nombreux passages qui peuvent éclairer sur ses vrais sentiments. Il ne put néanmoins détruire complètement l'impression qu'avait laissée dans bien des esprits l'admiration compromettante des auteurs de l'Encyclopédie. Beaucoup d'écrivains frappés d'ailleurs de l'importance que Bacon attache à l'étude des sciences naturelles et à la classification des faits, n'ont pas hésité à le ranger parmi ceux qui ne voient dans les scènes diverses et mobiles de la nature qu'un mouvement et une transposition de molécules, et qui font consister la connaissance scientifique dans une classification et une systématisation des objets, fondées uniquement sur leurs qualités sensibles. Or, une telle appréciation de la doctrine de Bacon est absolument incompatible avec sa manière d'entendre et de définir la science. Ainsi que le témoignent les nombreux extraits de ses ouvrages qui ont été donnés ci-dessus, Bacon appartient à cette école que Leibnitz a désignée sous le nom de *Dynamiste*, et qui fait de la *force* le trait caractéristique, l'essence de la substance et l'unique objet de la science. Cette école, qui remonte aux premiers philosophes de l'Ionie, et dont Aristote a donné la formule suprême, s'est perpétuée jusqu'à nos jours par Leibnitz, Neuton, Maine de Biran et les plus illustres parmi les savants contemporains. Bacon est l'un des anneaux de cette chaîne ; il relie le dynamisme antique à celui des temps modernes. L'en détacher pour le placer dans l'école opposée, c'est se méprendre entièrement sur l'esprit de sa doctrine, c'est se condamner à ne point comprendre sa méthode, et à se faire une fausse idée de la nature des opérations diverses dans lesquelles il fait consister les procédés de l'induction. En plaçant l'étude de la nature dans la *contemplation du mouvement*, en insistant sur la nécessité de s'occuper de la *puissance et des moyens qui réunissent les choses* et de ne pas s'arrêter à ce qu'il appelle leurs *principes inertes*, en définissant la science par la *connaissance des causes et des lois de la nature*, en lui donnant enfin le nom si énergique et si pittoresque d'*interprétation de la nature*, Bacon semble n'avoir rien négligé pour caractériser l'esprit de sa doctrine, et pour ne donner aucun lieu au doute ni à l'équivoque.

Laissant donc de côté les idées que l'on se fait généralement sur la doctrine de Bacon, voyons quelle elle est en elle-même, quelle est la valeur et la portée de sa manière de définir la science.

Quelque chose que l'homme veuille connaître, quelque science qu'il veuille acquérir, c'est toujours une réalité, un fait qu'il faut étudier en lui-même et décrire d'abord avant de songer à l'expliquer. L'étude et la connaissance de ce fait, voilà ce qu'on nomme l'expérience. L'expérience est le point de départ de la science, mais elle n'est pas la science. Elle est la perception et la connaissance du fait, dont la science est l'explication. Expliquer un fait, c'est en déterminer la cause, la loi et, autant que possible, la destination. Pour élever la connaissance du fait à la hauteur de la connaissance scientifique, il faut un nouvel ordre de procédés, que l'esprit emprunte exclusivement à ses propres forces. L'expérience ne nous donne que la variété infinie du spectacle de la nature. L'esprit, que cette variété accable d'abord, y introduit l'unité, qu'il conçoit, qu'il cherche, qu'il désire au point de l'imaginer quand il ne la découvre pas assez tôt au gré de son impatience. De là les hypothèses, l'extrême opposé à l'empirisme. Mais l'hypothèse n'est que la pierre d'attente ou le fantôme de la science, comme l'empirisme n'en est que le début avorté. La science est bien une création de l'esprit à la recherche de l'unité, mais cette création n'a rien d'arbitraire ; elle est soumise à des conditions sévères, à des lois inexorables. Connaître quelque chose d'une manière scientifique, c'est en savoir la cause, et l'esprit introduit l'unité dans la diversité infinie des faits de la nature, en les groupant en pensée autour de leurs causes, en rattachant plusieurs faits à une cause commune.

Pour arriver à cette unité, il part de ces deux principes : 1° que tout fait qui se produit a une cause, c'est-à-dire est produit par une force ; 2° que cette force agit d'une manière constante, uniforme, quelle que soit la variété apparente de ses effets et des circonstances au milieu desquelles elle intervient. Ces principes sont tout intellectuels, car l'expérience externe ne les donne pas, personne n'ayant jamais vu ni une cause ni une force ; personne ne pouvant imaginer comment *sont faites une cause ou une force*. L'expérience n'est même possible que parce que, avant toute expérience, nous croyons instinctivement en la permanence des propriétés des corps. Si l'enfant n'était à son insu porté naturellement à croire en l'uniformité de la manière d'agir des forces de la nature, il ne s'éloignerait pas du feu après en avoir été atteint une première fois. Il n'apprendrait jamais à s'en éloigner ; il pourrait se souvenir que le feu l'a brûlé, il ne saurait pas que le feu le brûlera chaque fois qu'il s'en approchera imprudemment. Sans doute, il ne pense pas à ce principe, il en ignore même l'existence, et la plupart des hommes demeurent toujours enfants à cet égard, et n'arrivent jamais à concevoir ce principe et à le formuler d'une manière abstraite ; mais la nature y pense et le formule pour eux, notre esprit étant organisé de façon que ce principe soit le point de départ inévitable de tous nos jugements, non-seulement dans le cours ordinaire de la vie, mais encore et surtout dans l'acquisition des connaissances scientifiques : il est le *postulatum* incontestable et indémontrable de la physique, de la chimie, de l'astronomie, de la psychologie, de toutes les sciences expérimentales en un mot.

Ainsi, tandis que le sens ne nous donne que la diversité infinie et la suite des phénomènes, l'intelligence y ajoute un élément nouveau, la notion de cause, qui n'y est pas contenue, et sans laquelle, cependant, il n'y a ni science ni jugement. Comment l'intelligence fait-elle ce pas si hardi ? C'est là le problème fondamental de toute science. « Toute appréhension d'un évènement, dit Kant, (1) est une perception qui en suit une autre ; car une réalité qui suivrait un temps vide serait aussi peu appréhensible que le temps vide lui-même. De même que le temps qui précède détermine le temps qui suit, de même les phénomènes du temps passé déterminent toutes les existences qui suivent. Or, le temps n'est pas une simple conception générale de l'esprit ; c'est le lieu même où nous plaçons nécessairement tous les phénomènes qui se succèdent, et

---

(1) Kant, *Critique de la raison pure*, *Logique transcendentale*.

qui sont dans le temps comme une succession dans une durée immuable. Il faut donc dans le passé quelque chose qui fasse être le phénomène présent à cette place qu'il occupe : cette règle est ce qu'on appelle le principe de causalité. » La première notion de cause nous est donnée dans le sentiment de notre activité personnelle et libre, s'opposant à l'action des phénomènes extérieurs, et dans la conscience de l'effort par lequel nous surmontons une résistance pour produire le mouvement. Cette activité est la seule cause que nous connaissions directement et immédiatement. Les causes des phénomènes extérieurs échappent à notre perception ; nous ne pouvons que les concevoir, et nous les concevons effectivement à l'image de notre propre causalité. Nous les chargeons d'abord de tous les caractères que nous trouvons en cette dernière ; nous nous les représentons ainsi libres et intelligentes, aussi longtemps que l'expérience, rectifiant ce premier jugement, ne nous a pas appris qu'elles sont au contraire aveugles et fatales. La psychologie est donc proprement la seule science dont l'objet nous soit donné directement et sans intermédiaire, tandis que les objets de toutes les autres sciences ne nous sont donnés qu'indirectement et médiatement. La psychologie, ainsi entendue, n'est pas une pure phénoménologie, où les faits internes, isolés de la cause qui les produit et considérés en eux-mêmes comme les objets propres de la conscience, ne sont plus que des formes abstraites et vides ; c'est la connaissance d'une cause vivante, libre, intelligente et sensible, en rapport intime et incessant avec les forces de la nature. Une science du *moi* pur est une chimère, ainsi que

Bossuet l'a remarqué après Aristote. Si la conscience est le sentiment de notre action, cette action n'y apparaît jamais comme séparée de celle du monde extérieur, qui l'éveille, la stimule et la combat. La réaction implique l'action ; l'une et l'autre sont liées indissolublement dans la conscience. Le *moi* n'est jamais isolé du *non-moi* ; il ne se sent que dans la résistance qu'il lui oppose ; et c'est dans cette opposition qu'il se saisit et peut s'étudier et se connaître à la fois comme sujet et comme objet de connaissance

« Si donc, dit Maine de Biran, si, comme nous ne pouvons en douter, ce principe (de causalité) plane sur les deux mondes intérieur et extérieur, s'il peut seul leur donner une base réelle et leur servir de lien, la philosophie première devra se proposer d'en bien constater la réalité, de le rattacher, s'il est possible, à un fait primitif, de déterminer enfin les applications premières et nécessaires que l'esprit humain en fait depuis l'origine, non-seulement pour connaître et expliquer la nature, mais de plus et surtout pour se connaître et s'expliquer lui-même (1). »

Leibnitz provoqua les méditations des savants sur la notion de force, à laquelle il destina une science particulière, sous le nom de *dynamique*. Selon lui, *la force est le constitutif des substances, comme l'action, qui est l'exercice de la force, en est le caractère* (2). Cette idée, fécondée par ce prodigieux génie, pénétra surtout dans

(1) M. de Biran, *Examen des leçons de Laromiguière*.
(2) Leibnitz, passim et surtout Correspondance avec Bossuet, et *Réflexion sur la nature des substances*.

les sciences naturelles, et leur donna cette vie puissante qui n'a cessé de les animer. Elle fut considérée comme le principe suprême de toute explication de la nature, comme la clef du langage symbolique que les phénomènes du monde parlent à l'intelligence de l'homme, comme le point de départ des larges voies que la méthode de Bacon avait ouvertes dans les domaines de la science. La force est la seule détermination possible du corps. Au premier regard qu'on jette sur la nature à la lumière de cette notion de force, on voit les phénomènes se classer en diverses catégories subordonnées, mais indépendantes, et qui requièrent chacune l'intervention de principes distincts. « L'attraction neutonienne, dont l'action est liée à la distance, c'est-à-dire à une grandeur continue, ne saurait expliquer les variations brusques et discontinues des actions chimiques; les attractions électives du chimiste ne peuvent à leur tour expliquer le plus simple phénomène de la vie organique, la formation d'une cellule ou d'un globule du sang; la force plastique, qui préside aux transformations organiques, est inhabile à rendre compte d'une sensation, d'un appétit; et le principe de ceux-ci, quel qu'il soit, ne saurait être en même temps l'origine de l'idée. De là l'admission nécessaire d'un certain nombre de postulats hypothétiques, qu'on ne peut réduire ou confondre sans renverser toute l'économie de nos connaissances. Mais on aperçoit entre eux une subordination hiérarchique, dont l'induction nous fait saisir la loi; cette loi, c'est la tendance de la nature à s'élever de phénomènes plus généraux, plus simples et plus fixes, à des principes qui manifestent dans leurs effets un plus haut degré de complexité, de perfection, mais qui ont en même temps moins de stabilité. Le nom de *forces* a été donné à ces principes sur de légitimes analogies, puisque tous présentent dans leur action des phases diverses d'intensité et d'énergie. Cependant l'identité du nom n'atténue en rien la profonde distinction qui les sépare. Les forces inorganiques se combinent, se superposent parfois, mais n'en agissent pas moins chacune dans une sphère indépendante ; tandis qu'il existe entre les actions vitales, successives ou contemporaines, une intime et visible solidarité. En outre, les premières nous paraissent inhérentes à des particules matérielles comme à leur substratum ; nous ne concevons, au contraire, nulle connexion du même ordre entre les forces vitales et un principe matériel, simple ou composé. De là cette facilité relative de comprendre la formation des composés inorganiques, et l'inévitable contradiction des hypothèses imaginées pour expliquer la genèse du plus simple organisme (1). »

Ajoutons que la nature n'abandonne jamais rien de ce qu'elle a produit : en s'élevant du règne inorganique au règne végétal, et de celui-ci au règne animal, elle ne renonce pas pour cela aux forces du premier règne ; elle les fait intervenir dans la vie végétale et dans la vie animale, mais en les subordonnant, aussi longtemps que dure cette vie, aux forces organiques. La vie est le théâtre du jeu de toutes ces forces dans un même individu.

---

(1) M. Cournot : *Essai sur les fondements de nos connaissances.* Paris, 1854, t. 1.

La nature entière n'est ainsi qu'un immense dynamisme, dont l'homme représente le dernier terme et la plus haute puissance. L'esprit humain en s'appliquant à ce vaste et merveilleux système, le décompose en ses diverses parties, et crée à son tour un monde parallèle, une hiérarchie scientifique, dont l'étude de l'homme physique, intellectuel et moral, occupe le sommet. L'induction, l'explication dynamique de la nature a pénétré, éclairé, vivifié les principales parties de ce travail. Ce grand et majestueux édifice est sans doute l'œuvre de la science moderne tout entière ; mais les fondements en avaient été jetés dès les premiers âges de la philosophie ; la pensée en avait été embrassée par le puissant génie d'Aristote, et Bacon l'avait développée et fécondée autant que le permettait le temps où il vécut. Si Leibnitz a insisté plus que tout autre sur le caractère scientifique de la notion de force, si depuis lors tout l'effort des sciences naturelles a porté sur l'étude des forces et des lois, il ne faut pas oublier qu'à l'auteur du *Novum Organum* revient la gloire d'avoir retrouvé cette voie perdue alors depuis deux mille ans, et de l'avoir ouverte et tracée tout entière avec une audace et une vigueur de conception que n'a point surpassées l'auteur des *Analytiques*.

Nous venons de voir le développement de l'idée de la science tel qu'il est sorti des méditations de Leibnitz, de Newton, de Maine de Biran et des savants contemporains. Ce développement ne se retrouve pas sans doute dans Bacon ; il dépasse de beaucoup en profondeur et en précision l'idée qu'il se faisait de la science ; mais il était nécessaire pour faire bien saisir et mettre dans son vrai jour la valeur et la portée de cette idée. Il est évident maintenant que cette idée est la même qui inspire et dirige encore les investigations scientifiques, et qui remonte ainsi par une chaîne non interrompue jurqu'au père de la méthode expérimentale. Il est évident, en outre, que cette définition de la science, loin de ne s'appliquer qu'aux sciences physiques, s'applique immédiatement et avant tout à la psychologie, et qu'ainsi la méthode d'induction doit être commune à cette dernière science à plus juste titre encore qu'aux premières ; mais la méthode d'induction portant uniquement sur la recherche des causes et des lois des forces, et non point telle que l'ont appliquée les Ecossais, qui, faisant abstraction de la notion de force, bornent les recherches de la philosophie à la détermination des caractères de ressemblance et de différence des phénomènes internes.

On peut dire que, si les Encyclopédistes ont travesti et complètement altéré la pensée religieuse de Bacon, l'école écossaise n'a pas représenté moins inexactement sa pensée philosophique, bien qu'elle se prétende sa seule fille légitime, et qu'elle revendique le titre tant prodigué et si peu compris d'école expérimentale. Elle part de ce principe que l'expérience n'atteint ni les causes ni la substance ; or, Bacon donne précisément pour objet aux sciences expérimentales la recherche des causes, qui sont proprement l'essence ou la substance des choses. Cette erreur des Ecossais rejaillit sur tous leurs travaux. En abstrayant les causes, ils ont dénaturé et mutilé la science de l'homme intérieur. Ils l'ont assimilée à la physique, et, ne comprenant pas davantage l'une et l'autre comme

Bacon les avait comprises, ne voyant dans la dernière qu'une science d'apparences, ils n'ont voulu voir aussi dans la première qu'une collection d'apparences, un recueil de faits. Ils se sont attachés à considérer les phénomènes internes en eux-mêmes, comme de simples objets d'observation et en quelque sorte du dehors et du point de vue objectif. Ils ont fait ainsi de la philosophie une pure et abstraite phénoménologie, une description de faits, l'anatomie de l'âme au lieu de la physiologie, une science morte au lieu de la science vivante du sujet de la pensée. Et cette science à laquelle ils enlevaient ainsi tout rapport avec la réalité en abstrayant les causes, ils ont dû, par une conséquence inévitable, en retrancher l'ontologie, c'est-à-dire la science des réalités, la science des êtres, la science de Dieu, de l'homme et du monde. « On peut donc, dit M. Ravaisson, donner un sens très vrai à cette proposition de Bacon : *Mens humana si agat in materiam, naturam rerum et opera Dei contemplando, pro modo materiæ operatur atque ab eadem determinatur; si ipsa in se vertatur, tanquam aranea texens telam, tunc demum indeterminata est, et parit telas quasdam doctrinæ, tenuitate fili operisque mirabiles, sed quoad usum frivolas et inanes.* Condamnée par les Ecossais, elle condamne au contraire leur psychologie abstraite. Ainsi, au lieu de faire honneur à Bacon, en dépit de lui-même, de l'invention d'une méthode également et parallèlement aplicable aux phénomènes internes et aux phénomènes externes, il faut mettre sa gloire comme philosophe où il l'a voulu mettre, dans la condamnation de ce qu'on pourrait appeler la *phénoménologie abstraite* du sens interne » (1), et ajoutons pour compléter la pensée de M. Ravaisson d'après la suite de son travail : — dans le rétablissement de la causalité et de la force comme principe et comme unique objet de toute recherche et de toute connaissance scientifique.

L'école écossaise est d'autant plus répréhensible d'être tombée dans cette erreur, qu'elle avait devant elle le plus illustre exemple. Le cartésianisme aussi avait négligé la notion de force dans l'explication des faits. Descartes plaçait l'essence des corps dans l'étendue et celle de l'âme dans la pensée. De là le prétendu problème de l'union de l'âme et du corps, problème qui remplit tout un siècle, et qui donna lieu aux hypothèses célèbres de la vision en Dieu, de l'harmonie préétablie, du médiateur plastique, etc. Comment expliquer en effet, autrement que par une hypothèse, l'existence d'un point de contact et d'une action réciproque entre un corps qui n'est qu'étendue et une âme qui n'est que pensée ? Et puis, cette pensée, qui est le caractère essentiel de l'âme, cette pensée, séparée de l'activité que Descartes néglige et que ses disciples méconnaissent, n'est plus qu'une aptitude passive et fatale. Voilà la liberté compromise. Si l'étendue est l'essence du corps, les propriétés de l'étendue sont les seuls objets possibles de la science ; la science et la sensation sont ainsi confondues, identifiées : nous voilà en plein sensualisme. Or, le sensualisme mène à l'idéalisme avec Con-

(1) Voir sur toute cette question l'admirable article inséré par M. Ravaisson, sous le titre de *Philosophie contemporaine*, dans la *Revue des Deux Mondes*, n° du 1er novembre 1840.

dillac, au septicisme avec Hume, ou au matérialisme avec Helvétius.

« Si la causalité, dit Maine de Biran à propos de cette doctrine cartésienne, si la causalité n'appartient à aucune substance créée, y compris l'âme humaine et le *moi*, toutes recherches ou considérations sur les causes ou forces productives des phénomènes se trouvent nécessairement exclues du domaine de la philosophie comme de la physique......; on pourra donc dire de toute cause efficiente ce que dit Bacon en parlant des causes finales : *causarum finalium investigatio tanquam virgo Deo consecrata nil parit*. Ce qui favorise le système des unitaires matérialistes, en ramenant la confusion des deux ordres de faits et d'attributs que Descartes avait voulu et cru séparer à jamais. »

« La conscience n'étant que la perception interne de notre causalité, abstraire la cause ce sera abstraire le *moi*, et la science des faits de l'âme ira se confondre avec la science purement abstraite ou logique conventionnelle qui roule sur des définitions (Condillac); ou encore avec une théorie des fonctions organiques ou propriétés des corps vivants, dont les physiologistes résument l'ensemble sous le titre général de sensibilité. On ramène les faits de l'intelligence, les actes libres de la volonté humaine aux phénomènes de la sensibilité physique ou animale, et à une simple réceptivité des organes mêmes, où l'observateur imagine et croit saisir ces phénomènes (1). »

« Si la causalité n'appartient à aucune substance créée,

---

(1) M. de Biran, *Rapport du physique et du moral de l'homme*, 1re partie, § 3.

si l'essence de l'âme c'est la pensée et celle du corps, l'étendue, d'abord le même terme général de substance leur convient; en second lieu elles sont l'une et l'autre passives... Mais puisque la distinction qui est censée avoir lieu entre les substances, n'est autre par le fait que celle de deux attributs ou modes fondamentaux qui caractérisent respectivement chacune d'elles, pourquoi cette distinction modale entraînerait-elle nécessairement la séparation absolue des sujets d'attribution? Pourquoi y aurait-il deux substances et non pas une seule, qui réunirait les attributs distincts de pensée et d'étendue? Sous ces deux attributs Descartes lui-même comprend universellement tous les êtres, qui sont tous ou pensants et non étendus, ou non pensants et par cela matériels et étendus, pures machines, sans qu'on puisse concevoir de classe intermédiaire. Donc, et poussant la chaîne des déductions jusqu'au bout, on arrivera enfin à démontrer qu'il n'y a et ne peut y avoir qu'une seule substance, l'être universel, seul nécessaire, le grant tout, à qui appartient exclusivement le titre d'être ou de substance, et dont tout ce que nous appelons improprement de ce nom, n'est qu'effet ou modification..... Ici Spinosa et Malebranche se rencontrent sur la même route (1). »

Mais ces difficultés sont propres au cartésianisme; elles sont le fait d'une seule école, d'un seul mouvement philosophique, mouvement d'une extrême importance à la vérité, et qui s'est concilié les sympathies et le concours des plus grands esprits, mais qui n'en a pas moins pro-

---

(1) Id., *Exam. des leç. de Laromiguière.*

duit une foule de systèmes et d'erreurs qu'on eût pu éviter, soit par une étude plus approfondie du point de départ de la science, soit par un mépris moins prononcé pour les doctrines du passé.

Aussi peut-on dire que l'idée que Bacon se faisait de la science engageait la philosophie dans une voie meilleure que celle du cartésiasme. Cette idée est, comme nous l'avons vu, celle du dynamisme, pour lequel la question de l'union de l'âme et du corps, ainsi que la liberté de l'âme et sa nature spirituelle ne sont plus des problèmes, mais, à proprement parler, des faits, qui n'ont pas besoin de démonstration, parce qu'un fait ne se démontre pas, mais se constate purement et simplement.

En effet, pour ceux qui pensent avec Bacon, Leibnitz et Maine de Biran, que l'objet de la connaissance scientifique ce sont les causes et les lois, l'essence du corps et de l'âme, c'est non l'étendue et la pensée, mais la force, aveugle et fatale dans le corps, intelligente et libre dans l'âme. Les forces organiques diffèrent ainsi par des caractères essentiels des forces de l'âme ; mais cette différence, si profonde et si radicale qu'elle soit, ne trace pas néanmoins entre le corps et l'âme une ligne de séparation telle qu'elle rende impossible tout rapport, toute action réciproque. Il ne s'agit plus de savoir comment un corps étendu et une âme inétendue peuvent agir l'un sur l'autre, mais comment les forces du corps agissent sur les forces de l'âme, c'est-à-dire comment des forces aveugles et fatales peuvent agir sur des forces intelligentes et libres, et comment celles-ci peuvent ébranler celles-là. Or, des forces, quelles qu'elles soient, sont nécessairement inétendues : on ne conçoit pas, en effet, comment les propriétés de l'étendue pourraient leur être attribuées. De sorte que ce qui faisait, dans le système cartésien, l'insoluble difficulté de la question de l'union de l'âme et du corps, disparaît dans le dynamisme, ou plutôt que la difficulté est reculée d'un degré, et que le problème consiste alors à se demander comment des forces inétendues peuvent agir sur des corps. Mais c'est là le secret de la création ; celui qui le saurait, saurait tout, comme dit Descartes. Cette question est en effet commune à l'univers matériel tout entier ; elle est ainsi la plus générale qui se puisse poser, et, comme telle, essentiellement insoluble, le but de la science n'étant pas de tout expliquer, mais, selon l'expression de Royer-Collard, d'aller puiser l'ignorance à sa source la plus élevée. Des réflexions analogues s'appliquent à la liberté et à la spiritualité de l'âme. Le cartésiasme avait compromis la liberté en faisant de la pensée, c'est-à-dire de la passivité et de la fatalité, l'essence de l'âme, au lieu de voir cette essence dans l'activité libre, qui est le caractère le plus éminent et la mesure de la personnalité humaine. La liberté est ce qui distingue l'âme des forces organiques et inorganiques du reste de la création ; or, la liberté, c'est la responsabilité morale, c'est la marque la plus éclatante de notre supériorité sur les autres créatures terrestres, et le gage le plus assuré de nos destinées immortelles. Quant à la spiritualité, l'âme ne nous étant connue que comme une force libre et intelligente, nous est donnée par la même comme inétendue ; il n'y a donc plus lieu de se demander si l'âme est spirituelle ou matérielle : sa spiritualité est un fait comme celle de toute force, avec cette différence que la force qui fait l'essence de l'âme est une force libre et intelligente, c'est-à-dire indépendante du corps, pouvant le dominer et devant lui survivre, tandis que les autres forces sont dépendantes du corps, fatales et sans conscience. Enfin, la notion de cause est essentiellement un principe de distinction, *d'individuation*, selon le langage de l'Ecole. La *force-moi*, qui est le type d'après lequel nous concevons toute force, ne se peut confondre avec aucune autre : elle se distingue elle-même absolument d'une part des forces de la nature par le sentiment de la résistance qu'elle leur oppose, et d'autre part, de Dieu par la conscience qu'elle a de son activité propre, de sa responsabilité morale et de ses destinées immortelles. L'hypothèse panthéiste d'une seule substance, dont toutes choses ne seraient que les attributs ou les modes, est donc manifestement en contradiction avec le témoignage de la conscience, avec le sentiment de notre existence, sentiment qui est, cependant, la condition de toute connaissance et de toute certitude ; de sorte que la doctrine d'un Dieu distinct du monde et de l'homme, créateur et providence souveraine de l'un et de l'autre, se trouve établie, non sur une suite de raisonnements, mais directement et immédiatement sur le propre témoignage de notre conscience, sur l'inébranlable sentiment de notre existence, et que, pour nier la personne divine, il faudrait commencer par nier notre propre personne. La notion de force, négligée par Descartes, et regardée au contraire par Bacon comme le seul objet de toute recherche scientifique, a ainsi pour première et incontestable conséquence de convaincre d'absurdité toute tendance au panthéisme.

Descartes, qui se sépare ainsi de Bacon dans la définition de la science, s'en rapproche, cependant, en un point important, dans la part qu'ils font tous deux au principe des causes finales. Ils le bannissent de la physique et le relèguent dans la métaphysique. Aristote en avait fait la clef de tout son édifice scientifique. L'esprit, en effet, quel que soit l'objet de son examen, ne se contente pas d'en connaître la cause et la loi, il veut encore en savoir la destination. Un penchant naturel et irrésistible le porte à demander le *pourquoi* de toutes choses ; il va jusqu'à demander celui de la Création, et la Religion satisfait à cette audacieuse question en répondant que Dieu a créé le monde *pour sa gloire*. Cette gloire se montre avec d'autant plus d'éclat aux regards de l'homme, qu'il pénètre plus avant dans le secret de l'organisation du monde, dans la connaissances des causes et des lois ; de sorte que la Religion, en assignant la gloire de Dieu pour fin de la Création, a marqué par là même la fin de la science, l'idéal auquel elle doit tendre sans cesse, à savoir la connaissance des merveilles de l'univers. Aristote a dit que l'admiration est le principe de la science ; on peut dire qu'elle en est aussi la fin, et que ce sentiment devient plus vif à mesure que la connaissance de l'univers s'étend, ce qui explique le mot célèbre de Bacon : « Peu de science éloigne de Dieu, beaucoup de science en rapproche » (1). Il est vrai que la science que nous pou-

---

(1) Essais, XVI ; De Aug. 1, § 5.

vons recueillir, n'est que néant si nous la comparons à la science parfaite, telle que nous la concevons; mais c'est ici précisément que se marque le mieux la vertu de ce principe des causes finales. La science de l'homme est bien faible et bien petite, sans doute; mais elle est l'œuvre de principes supérieurs, qui découvrent à l'intelligence des perspectives sans limites. L'homme, a-t-on dit, est un être ténébreusement sage; il conçoit l'idéal de la science et sait que l'infini l'en sépare : ce sentiment de son extrême grandeur et de son extrême petitesse lui révèle sa vraie destinée, lui apprend que cette vie n'est qu'un accident fugitif de son développement, et que ces facultés puissantes au moyen desquelles il s'élève à la pensée de l'infini, loin de s'éteindre avec la mort, passeront à une vie nouvelle, où l'esprit, délivré des mille entraves qui arrêtent son essor, ne sera plus réduit à chercher la science à travers les apparences sensibles des choses, mais pourra comtempler directement et dans toute sa splendeur le soleil des intelligences, et réaliser enfin cet idéal du savoir dont le désir le poursuit sans trêve ici-bas. Telle est donc l'inépuisable fécondité de ce principe des causes finales, qu'il domine à la fois la création, la science et la vie de l'homme en ce monde, et surtout dans les destinées immortelles qu'il lui réserve au-delà du tombeau.

Mais, par cela même qu'il est, de tous les principes, le plus large et le plus fécond, il n'éclaire pas d'une lumière égale toutes les parties de l'univers considéré comme objet de la science. Toutes les surfaces n'ont pas au même degré la propriété de réfléter les rayons de la lumière, et la pensée divine ne brille pas pour nos yeux du même éclat dans tous les êtres. Elle se voile souvent et se couvre d'ombres, qui tiennent à la faiblesse ou aux limites de nos moyens de connaître. Nous cherchons et nous concevons la fin de l'univers, la fin de l'homme, la fin de certains évènements historiques, la fin de certaines forces et de certaines combinaisons de la matière, de certains organes de l'animal ou de la plante ; mais pourquoi telle chose existe-t-elle dans la nature ? pour quelle fin telle plante, tel animal a-t-il été créé ? Ce sont là des questions que nous nous posons sans pouvoir y répondre. On répète sans cesse après Bacon et Descartes que la recherche des causes finales doit être bannie de la physique (ô physique, préserve-toi de la métaphysique !), mais ce sentiment ne doit pas être accueilli sans réserve. Le principe des causes finales est un principe universel, comme celui de la cause efficiente ; il ne dépend pas de nous de ne pas demander le *pourquoi* de toutes choses, en physique comme ailleurs, et nous le demandons en effet jusqu'à ce que l'expérience nous ait appris que nos moyens de connaître sont limités de ce côté, comme ils le sont du côté de toutes les autres causes. « Tous les êtres, dit Aristote, dans leurs fonctions diverses, conspirent à l'harmonie de l'ensemble, car tout est ordonné en vue d'une existence unique. » La connaissance de la cause finale est ainsi le but de la physique aussi bien que des autres sciences ; mais ce n'en est que le but, tandis que, dans les sciences qui ont pour objet des êtres doués d'une fin propre, d'une unité, d'une individualité distincte et organisée, la détermination de la fin est non seulement le but de la science, mais l'un des procédés indispensables de la méthode par laquelle on l'acquiert. En physique, un phénomène étant donné, on en recherche la cause et la loi, et quand on a trouvé ces deux choses, on a sur ce phénomène toute la science possible; mais cette cause et cette loi ne sont pas isolées dans le système de l'univers; elles concourent à l'harmonie de l'ensemble, et il appartient à la science de déterminer comment et en quelle mesure elles le font. Le principe des causes finales introduit ainsi l'unité dans les sciences qui ont pour objet la nature morte, en portant l'esprit à rechercher et à déterminer la place et le rôle de chaque chose dans le monde; mais l'esprit doit s'en tenir là et ne point vouloir faire de ce principe l'un des procédés de la méthode, ainsi que le faisaient habituellement les contemporains de Bacon et de Descartes, au risque de s'égarer et de corrompre l'étude des phénomènes en y mêlant des vues systématiques. « Ce n'est pas, dit Bacon (1), une légère différence que celle qui se trouve entre les fonctions de l'esprit humain et les idées de l'esprit divin, je veux dire entre certaines opinions frivoles et les vraies marques, les vrais caractères empreints dans les créatures, et qu'on y aperçoit quand on sait les observer et les voir telles qu'elles sont. » Mais « le domaine des sciences est immense et comprend dans son sein bien des sciences différentes, qui réclament des méthodes différentes. Il en est où on ne peut acquérir une vraie connaissance d'un phénomène qu'en connaissant la cause finale de ce phénomène. C'est dans ce cas que l'étude des causes finales

---

(1) Nov. Org. 1, 23.

peut et doit être recommandée. L'exemple le plus frappant est celui de l'anatomie et de la physiologie. On n'y connaît bien un organe qu'autant que l'on connaît la fonction pour laquelle il est fait. Jusqu'à un certain point on peut en dire autant de la botanique, les diverses parties d'une plante étant des organes qui ont leurs usages presque autant que celles d'un animal. En un mot, partout où la détermination de la fin d'un phénomène est nécessaire à sa connaissance, la recherche des causes finales fait partie intégrante de la science, et ne doit pas être renvoyée à une science étrangère. Dans l'optique, la vision étant la fin manifeste des différents phénomènes, peut nous aider à les mieux comprendre (1). »

Les causes sont le premier objet des recherches scientifiques; les lois sont le second. La cause nous est donnée en même temps que le fait, tantôt dans le sentiment de notre activité volontaire, tantôt par une conception naturelle et fatale; mais il n'en est pas de même de sa manière d'agir, qui ne se révèle que dans l'observation des circonstances qui accompagnent la production des phénomènes. Jusqu'à quel point nous est-il donné de pénétrer les procédés de la nature dans cette production? C'est ce qu'on ne peut dire; mais, à en juger par l'obscurité où s'enveloppe à nos yeux la puissance de produire les phénomènes de la vie de relation, il ne paraît pas que nous puissions aller bien loin.

Il convient cependant de distinguer ici entre nos divers

(1) M. Cousin, *Journal des Savants*, août 1851, article sur l'ouvrage de Leibnitz : *Animadversiones ad Cartesii Principia philosophiæ*, édité pour la première fois par Guhrauer, Bone, 1844.

objets de connaissance. Dans le phénomène de conscience, tout nous est immédiatement connu ; nous avons conscience et de la force qui produit le phénomène, et de l'effort qu'elle fait, et de l'effet qui s'en suit et enfin du rapport qui unit cet effet à l'effort. Ces quatre éléments nous sont donnés à la fois et immédiatement dans le sentiment de notre activité personnelle et libre. La connaissance de fait et la connaissance scientifique se confondent dans l'unité indivisible de ce sentiment; mais ce cas est le seul où elles soient identiques et inséparables : elles se distinguent dans la conscience des mouvements organiques, elle se séparent absolument dans celle des phénomènes étrangers à l'organisme. Nous avons la conscience de pouvoir ébranler nos membres et déplacer d'autres corps par leur intermédiaire ; mais cette conscience se borne au sentiment de l'effort que nous faisons et à la connaissance de l'effet qui s'en suit, sans que nous puissions nous expliquer par quel lien cet effet se rattache à l'effort et à l'acte volontaire. Nous savons à n'en pouvoir douter que cet acte et cet effort sont la cause du mouvement produit ; mais le procédé par lequel la molécule matérielle est ébranlée par les forces organiques, sollicitées elles-mêmes par la force volontaire, se dérobe entièrement à nos moyens d'investigation. C'est là, comme nous l'avons vu, le secret de la création. Ainsi, dans la production des phénomènes organiques soumis à l'action de notre volonté, nous connaissons directement et cette action, et l'effort, et le mouvement produit ; le rapport seul qui unit le phénomène à la cause nous échappe. La connaissance des phénomènes entièrement extérieurs est moins riche : des trois éléments que comprend la connaissance des mouvements volontaires du corps, elle n'en conserve qu'un seul, la perception du phénomène ; le reste, c'est-à-dire la force, l'effort et le rapport de causalité ne nous sont connus que médiatement, par suite de l'invincible penchant qui nous fait transporter hors de nous ce que nous trouvons en nous, et qui ne nous permet point de percevoir un phénomène sans le rapporter à une cause, à une force productrice, conçue à l'image de la nôtre. Ainsi, à mesure que nous sortons et nous éloignons du for intérieur, à mesure que la matière intervient davantage dans l'objet de notre connaissance directe, celle-ci s'appauvrit et contient une moindre part de ses éléments intégrants, à ce point de n'en plus comprendre qu'un seul dans la connaissance des phénomènes matériels qui ne dépendent point de notre activité personnelle.

Il semble donc au premier abord que le psychologue soit mieux placé que le physicien pour étudier l'objet de de ses recherches ; et il en serait ainsi en effet sans les difficultés particulières aux études psychologiques. Notre puissance causatrice est le modèle d'après lequel nous concevons toutes les forces de la nature ; or, cette puissance ne présente en elle-même d'autres déterminations que les degrés de l'effort qu'il faut faire pour produire tel ou tel phénomène. A part ce plus ou moins d'intensité dans l'effort, elle est toujours la même, elle nous apparait toujours comme une même activité produisant des phénomènes divers, et c'est dans cette diversité seule des phénomènes que se fait connaître la diversité de nos puissances. C'est de plus dans les circonstances qui accompagnent la production de chaque phénomène, que se manifestent seulement les conditions auxquelles cette production est subordonnée, la *loi* de la force en un mot. Qu'il s'agisse donc des faits de la vie intime, de ceux de la vie de relation ou de ceux du monde extérieur, c'est toujours le phénomène qu'il faut étudier, c'est toujours et exclusivement dans l'observation des phénomènes que l'on trouve la loi qui préside à cette production. Or, envisagé à ce point de vue, l'étude des phénomènes extérieurs reprend, et même bien au-delà, tout l'avantage que nous lui avons vu perdre dans la seule considération des éléments intégrants de la connaissance.

Les phénomènes psychologiques sont obscurs, fugitifs, dépendants de toutes les circonstances de temps, de lieu, de personne; il est impossible de les reproduire identiquement, ces circonstances n'étant jamais deux fois les mêmes, de sorte que l'esprit ne peut les observer à loisir, mais qu'il doit les saisir dans l'instant où ils passent sous le regard de la conscience, pour les observer et les décrire ensuite de mémoire. Nous ne pouvons ni en retarder la marche, ni régler l'ordre dans lequel ils se succèdent; ils sont pour nous comme ces lumières météoriques dont nous ne pouvons prévoir l'apparition fortuite, et qui ne se montrent à nos regards que pour s'éteindre aussitôt dans la nuit. L'attention même que nous leur prêtons en diminue l'intensité, quand elle ne les fait pas disparaître tout-à-fait; elle les complique d'ailleurs, et leur imprime le caractère de notre personnalité, caractère incompatible avec la nature de la science, qui est essentiellement impersonnelle. Par cela même que le sujet et l'objet de l'observation psychologique sont identiques, et que l'objet de cette observation n'est que le sujet se surprenant dans un certain moment de son existence, la personnalité de ce sujet se retrouve toujours à quelque degré au fond de toute observation psychologique, la marquant de son cachet particulier, et ne lui laissant guère d'autre valeur et d'autre portée que celle qu'elle tient du caractère, de la pénétration ou du génie de l'observateur. Les Allemands diraient que la psychologie n'a pas, comme les autres sciences naturelles, d'existence objective, qu'elle n'a qu'une existence subjective. La psychologie ne s'étudie pas dans les livres, il faut que chacun se fasse la sienne, en renouvelant toutes les observations qui ont été faites avant lui, une observation psychologique n'ayant de valeur que pour celui qui l'a faite lui-même, et de portée que celle qu'il lui reconnaît, et toute observation étant perpétuellement sujette à caution et contestable pour tout autre que celui qui l'a recueillie dans l'examen de son for intérieur. Ainsi, tandis que notre activité causatrice et personnelle nous est connue avec une clarté et une certitude incomparables, tandis que la perception et la science s'identifient dans le sentiment de cette activité; elles se séparent et s'isolent à ce point dans la connaissance du phénomène interne, que la science y disparaît presque dans l'atténuation de son caractère essentiel, et qu'il ne reste plus de certain et de parfaitement clair que la perception du phénomène, la connaissance de ce qui a lieu ici ou là, comme dit Aristote, et non de ce qui est partout et toujours. Il nous faut en outre faire effort pour rentrer en nous-mêmes et nous examiner dans l'acte pénible de la réflexion, tandis qu'une tendance naturelle nous porte à sortir de nous, et que tout ce qui nous entoure nous sollicite puissamment à céder à ce penchant. On dirait que les études psychologiques répugnent à nos plus profonds instincts, et que la nature n'a point fait l'homme pour philosopher, mais bien plutôt pour contempler l'organisation admirable de ce monde matériel, au sein duquel il est appelé à déployer son activité. Tout nous éloigne donc de la considération de nous-mêmes, tout nous appelle au dehors.

Plus durables, plus accessibles que les faits de la vie intime, les phénomènes matériels se prêtent infiniment mieux à l'observation. Produits par des forces aveugles et fatales, dont l'action est constante, ils ne sont point soumis à toutes les influences irrégulières qui sollicitent les forces libres, et ne dépendent des circonstances extérieures que dans une mesure susceptible d'être déterminée avec rigueur. Ils peuvent ainsi être reproduits identiquement, et dans le temps qui convient à l'observateur, sous le regard et à la disposition duquel ils demeurent aussi longtemps qu'il est nécessaire. L'attention qu'il leur prête, loin d'en diminuer l'intensité, l'augmente au contraire, les décompose, les simplifie, les éclaircit, en en faisant connaître successivement les diverses parties dans tout le détail et avec toute la précision imaginables. Ils nous sont étrangers, ne nous intéressent que comme objets d'étude ou d'utilité, et notre personnalité n'intervient dans cette étude et cet usage qu'autant qu'il le faut pour les connaître ou les approprier à nos besoins, et non pour s'identifier avec eux. De là le caractère impersonnel et objectif des connaissances physiques, et aussi cette autorité et cette certitude incontestables qui sont le privilége de l'observation externe. Ainsi, tandis que la cause, la force et l'effort qui concourent à la production des phénomènes matériels, échappent absolument à nos moyens directs de connaître, ces phénomènes eux-mêmes sont parfaitement accessibles à ces moyens, et sont de tous les objets possibles de nos connaissances ceux qu'il est le plus facile d'aborder et d'étudier en eux-mêmes et dans les circonstances qui accompagnent leur production. Bien loin d'être obligé de se faire violence pour les observer, l'esprit s'y trouve porté naturellement; ils sont manifestes, éclatants; ils tombent sous le sens, ils commandent l'attention, et si le jeu même des forces de la nature ne s'y montre que sous une forme symbolique, cette forme est le plus souvent tellement significative, que l'esprit peut sans efforts et presque instinctivement l'interpréter, et remonter du phénomène à la loi qui le régit.

Que la réflexion vienne ensuite à s'appliquer à cette opération primitive, et elle pourrra discerner par quels procédés la raison a découvert et constaté cette loi, et à quelles conditions, par conséquent, il lui sera donné d'en découvrir et d'en constater d'autres à l'avenir. La méthode d'observation sera ainsi trouvée et les règles en seront tracées.

Le choix des exemples est donc d'une importance capitale dans l'étude et pour la détermination des procédés de la méthode. Il importe que ces exemples soient autant que possible clairs, évidents, d'une valeur et d'une portée incontestables, en quoi ceux qui sont empruntés à l'observation externe sont, comme nous venons de le voir, de tous points préférables. Ajoutons avec l'auteur de l'*Essai sur les fondements de nos connaissances*, qu'il n'importe pas moins que ces exemples soient pris, non dans la connaissance vulgaire, dans la connaissance restée, pour ainsi dire, à l'état rudimentaire, mais dans la connaissance scientifique, c'est-à-dire dans la connaissance organisée, développée, perfectionnée. « Les naturalistes savent bien qu'à l'état rudimentaire tous les types se confondent ou semblent se confondre, et que, pour en bien saisir les caractères distinctifs, il est préférable de les étudier dans les hauts perfectionnements de l'organisme. Le type de l'animal et celui du végétal, si nettement distincts dans les espèces supérieures, vont en se confondant à mesure qu'ils se dégradent dans les espèces inférieures (1). » Si donc la science est le perfectionnement organique de la connaissance, il est évident que c'est en cherchant dans quelle mesure les divers procédés de l'esprit concourent chacun à la formation de la science, qu'on pourra seulement déterminer à quelles conditions cette formation est subordonnée. C'est là proprement déterminer la méthode. La méthode consiste dans l'ensemble des procédés par lesquels l'esprit s'élève de la connaissance vulgaire à la connaissance scientifique. Cette connaissance tient de ces procédés

---

(1) § 97.

toute sa valeur et toute sa portée. L'une et l'autre doivent être fixées avec une rigueur et une précision parfaite ; non-seulement d'une manière abstraite dans le procédé, mais encore dans l'exemple, qui n'est que le procédé sous une forme concrète et sensible. L'exemple et le procédé doivent s'éclairer et se critiquer réciproquement. Ils sont proprement la contre-épreuve l'un de l'autre. L'exemple ne saurait donc être impunément emprunté à la connaissance vulgaire ou à un ordre de connaissances où l'organisation scientifique ne serait point parfaite, une telle connaissance étant toujours vague et flottante, tandis que les procédés indiqués par la méthode ne doivent rien laisser à désirer en rigueur et en précision. Pour que la valeur et la portée de l'exemple soient parfaitement adéquates à celles des procédés, il faut qu'il soit emprunté à la connaissance parvenue à son plus haut degré de perfection. De là la nécessité de ne prendre pour exemple dans l'explication des procédés de la méthode inductive, que des observations recueillies dans les sciences organisées et constituées définitivement, c'est-à-dire dans les sciences physiques, et de s'abstenir des exemples que pourraient fournir les sciences psychologiques, où, comme nous l'avons vu, toutes les observations sont perpétuellement personnelles et contestables.

Ces réflexions sont éminemment propres à rectifier les idées que l'on se fait généralement sur le caractère de la doctrine de Bacon. Sur la foi très suspecte de l'école d'Helvétius, on se représente l'auteur du *Novum Organum* comme le promoteur exclusif de l'étude des sciences naturelles, ce qui est inexact ; et l'on a fait d'un penseur spiritualiste et profondément religieux, le père du matérialisme moderne, ce qui est en contradiction avec l'esprit de sa doctrine : et le principal, l'unique motif sur lequel se fonde cette étrange interprétation, c'est le soin avec lequel Bacon recommande particulièrement l'étude de la nature, et la préférence qu'il donne, dans le choix de ses exemples, aux observations empruntées aux sciences physiques.

La sollicitude de Bacon s'est avec raison portée spécialement sur l'étude de ces sciences, qui étaient alors le plus en souffrance. Depuis Aristote jusqu'au XVe siècle, elles n'avaient fait aucun progrès notable. On ne les étudiait plus dans la nature, mais dans les livres ; on avait plus de foi dans des formules que dans l'observation des faits. Bacon fit pour ces sciences un changement analogue à celui qui s'est récemment opéré dans l'étude de l'histoire : il renonça aux documents de seconde main pour remonter aux sources, aux livres des hommes pour le grand livre du monde. Mais ce génie encyclopédique était trop large et trop impartial pour avoir eu ces vues étroites qu'on lui prête, bien qu'on n'en trouve aucune trace dans ses écrits. L'idée de proscrire l'étude des sciences philosophiques et morales était si loin de son esprit, que leur examen remplit la majeure partie du grand ouvrage de *la Dignité et de l'Augmentation des sciences*, et que, de tous ses écrits, celui qui a obtenu le succès le plus prompt et le plus brillant, les *Essais*, leur est exclusivement consacré. Et le *Novum Organum* lui-même, de quoi traite-t-il ? Est-ce des sciences naturelles exclusivement ? Il faudrait ne l'avoir pas ouvert pour répondre affirmativement, et pour n'y pas reconnaître un ouvrage de pure philosophie, un traité de logique et de la plus fine et délicate psychologie, tout autant qu'une méthode. La définition que Bacon adopte pour la science s'applique aux sciences de l'esprit comme à la physique ; elle est la même que celle d'Aristote qui, en la donnant, songeait surtout aux sciences déductives ; et le plus profond psychologue des temps modernes, Maine de Biran, n'eût pu en choisir une autre s'il eût voulu rester fidèle à ses idées. Telle est cette définition que, pour peu qu'on ne craignît pas l'exagération où sont tombés la plupart des interprètes de Bacon, pour peu qu'on forçât un peu les nuances et qu'on négligeât les passages gênants, on tirerait de cette manière de caractériser la connaissance scientifique, non le matérialisme, qui est ce qu'en Allemagne on appelle *mécaniste*, mais bien plutôt l'extrême opposé, ce dynamisme excessif qui ne voit que des forces dans la nature, qui va jusqu'à nier l'étendue, et dont le système des monades est la plus savante et la plus haute expression. Mais Bacon s'est sagement gardé de cet excès, comme de l'excès opposé (1).

(1) « Quelqu'un pourra douter encore (car ce sera ici plutôt *un léger doute* qu'une véritable objection), douter, dis-je, si notre dessein est de perfectionner seulement la philosophie naturelle par notre méthode, ou d'appliquer également cette méthode aux autres sciences, telles que la *logique*, la *morale* et la *politique*. Or, *ce que nous avons dit jusqu'ici doit s'entendre généralement de toutes les sciences ;* et, de même que la logique ordinaire, qui gouverne tout par le syllogisme, ne s'applique pas seulement aux sciences naturelles, mais à toutes les sciences sans exception, de même *notre*

Il est vrai qu'il a choisi de préférence ses exemples dans l'observation du monde externe ; mais ici encore, comme nous venons de le voir, il a réellement donné une marque d'une grande sagesse. Alors même qu'il n'eût pas trouvé les sciences physiques infiniment plus négligées que les recherches psychologiques, et ayant ainsi plus besoin d'être signalées à l'attention du public et à la sollicitude des savants, les avantages particuliers que lui offraient ces exemples lui faisaient un devoir de les préférer à ceux qu'il eût trouvés dans le monde interne. L'objet de la méthode d'induction est de déterminer les procédés par lesquels l'esprit découvre et constate les lois de la nature ; des exemples sont indispensables pour rendre cette exposition plus facile à comprendre et, pour ainsi dire, sensible. Devait-il demander ces exemples à la psychologie? Mais aujourd'hui même la psychologie ne s'est pas encore élevée au rang de science exacte et constituée, et nous avons reconnu que l'observation des faits du for intérieur se refuse presque toujours à se soumettre aux conditions qui, seules, donnent à la connaissance l'im-

méthode, qui procède par la voie de l'induction, les embrasse toutes. Car notre plan n'est pas moins de composer une histoire et de dresser des tables d'invention soit sur la colère, la crainte, la honte et autres affections de cette nature, soit sur les faits et les exemples tirés de la politique, soit enfin sur les opérations de l'esprit, sur la mémoire, sur les facultés de composer et de diviser, de juger et autres semblables, que sur le chaud et le froid, ou sur la lumière, la végétation et autres sujets de ce genre »…. *Nov. Organum*, L. I, aph. 127. — Voir encore sur le même sujet : *Douze pensées sur l'interprétation de la nature*, n° VII ; et *passim.*

personnalité, l'universalité et l'autorité que requiert la science ; tandis que la connaissance des faits de la nature physique revêt aisément ces caractères. Dans les premiers, Bacon n'eût rencontré le plus souvent que cette connaissance vulgaire qui est toujours vague, flottante, confuse ; ici seulement il trouvait la connaissance organisée, élevée à son plus haut degré de développement et de perfection, et présentant dans tout le relief désirable chacun des procédés par lesquels elle se forme et s'acquiert. En choisissant ses exemples dans ce dernier ordre de connaissances, il a donc fait comme le naturaliste qui, voulant étudier la formation de l'organisme animal, l'étudierait dans sa forme la plus riche et la plus parfaite. Il a ouvert ainsi à la méthode une voie qu'on eût dû suivre au lieu de la blâmer, et dans laquelle l'auteur de *l'Essai sur les fondements de nos connaissances* s'est proposé de ramener les études logiques. Ce savant a reconnu que l'imperfection et le peu d'utilité de ces études tenaient en grande partie au choix des exemples qu'on a l'habitude d'y employer, et qui sont tous empruntés soit aux notions vulgaires, soit à des théories que le progrès des sciences a modifiées ou discréditées. Il a donc pensé rendre un éminent service aux sciences philosophiques en leur fournissant, au lieu de ces exemples imparfaits et illusoires qu'elles emploient, des exemples tirés des sciences exactes, d'une valeur et d'une portée parfaitement déterminées, et d'une autorité incontestable. Si, comme on n'en peut douter, de grands progrès sont possibles dans les sciences philosophiques, c'est surtout d'une telle méthode qu'il faut les attendre. C'est dans l'étude des phénomènes externes et non dans celle des phénomènes internes, que l'esprit peut le mieux se rendre compte des procédés qu'il doit suivre pour découvrir et constater les lois de la nature intellectuelle et morale, tout aussi bien que celles de la nature physique.

L'idée d'utiliser les connaissances acquises est si naturelle, qu'il semble qu'elle doive être contemporaine des premières notions scientifiques. Mais l'histoire nous apprend qu'une ligne de démarcation très profonde a longtemps séparé la science de ses applications. La science eût cru se dégrader en se prêtant aux besoins de l'industrie (1). Il appartenait à Bacon d'insister sur le danger de telles idées, qui, pour peu qu'on s'y avançât, pouvaient faire perdre aux hommes les principaux fruits de leurs études. La direction qu'il imprima aux recherches scientifiques, quand il leur assigna pour fin l'*amélioration de la condition humaine*, n'est en effet qu'une conséquence directe de sa manière de comprendre la science. Si savoir c'est connaître les forces de la nature ; agir, c'est mettre en jeu ces forces, ce qui ne se peut qu'autant qu'on les connaît. Ce qui est cause aux yeux de la science, est pris comme moyen par l'art. Toute science tend au moins indirectement à augmenter notre puissance, et toute puissance employée avec intelligence suppose quelque degré de science. Mais ce rapport entre la théorie et la pratique est exclusivement propre à la définition dynamiste de la science, et ne se trouve pas dans le point de vue opposé. Descartes aussi veut diriger la science vers les moyens

(1) Arist. *Mét.*, I, 2.

d'améliorer notre condition ; mais on ne voit pas par quel lien logique il rattache la science à la puissance. En faisant abstraction des causes naturelles, il fait abstraction de la puissance, et s'il est ensuite amené à la mentionner dans le développement de son système, ce n'est pas qu'elle y soit contenue, mais parce qu'il la trouve dans la réalité, dont il ne peut faire une abstraction complète. Nul ne peut être parfaitement conséquent dans ses idées. Mais l'histoire se charge de tirer les vraies conséquences des principes, et les purs Cartésiens ne tardèrent pas à montrer le caractère de la doctrine du maître, en négligeant de jour en jour davantage le côté utile de la science, pour se plonger de plus en plus dans la contemplation solitaire de l'esprit. Bacon imprimait donc aux études une direction meilleure que celle du cartésianisme. L'une et l'autre direction a ses dangers à la vérité : si l'une conduit au mépris de l'utile, l'autre peut aboutir au mépris de la science pure et désintéressée.

Mais Bacon sut encore se préserver de cet excès. Il remarque d'abord que les opérations de l'homme sont resserrées dans des limites plus étroites que sa science, ce qui laisse à celle-ci une carrière indéfinie. Il y a des sciences pures, qui n'ont d'autre fin que d'étendre nos connaissances, et de nous offrir le moyen d'exercer notre esprit et de donner quelques aliments à notre insatiable curiosité, sans qu'il soit possible d'en tirer aucune utilité. En outre, Bacon recommande sans cesse de préférer les *expériences lumineuses* aux *expériences fructueuses*. Celles-ci sont faites en vue d'un usage immédiat, et ont un caractère industriel plutôt que scientifique. Elles se contentent du fait dont elles ont besoin : l'explication leur importe peu. Elles subordonnent la science à l'industrie; elles sacrifient ainsi, avec la dignité de la science, ce qui en fait l'essence, l'impersonnalité et l'universalité, ces vues larges et désintéressées, qui embrassent l'ensemble de la création, dans le but d'en pénétrer les mystères, et d'en mettre les forces au service non de tel homme ou de tel besoin déterminé, mais de l'humanité tout entière. Les *expériences lumineuses* n'ont d'autre but que d'ouvrir des perspectives à l'étude de la nature. Elles cherchent avant tout l'explication des faits ; l'utilité directe et immédiate leur importe moins, parce que l'explication, c'est-à-dire la détermination de la cause et de la loi, contient non-seulement le fait en question, mais toute une *légion de faits*, des *gerbes de vérités*, des *faisceaux de découvertes*. La même propriété peut être utilisée dans les circonstances les plus diverses, et l'on ne sait jamais quelle est la portée d'une invention, si modeste soit-elle en apparence. Ainsi qu'on l'a dit, l'utilité de la science, toute grande qu'elle est, recule devant la vérité de la science, et n'occupe que le second rang aux yeux de quiconque sait comprendre quelle valeur infinie appartient à la connaissance de la réalité des choses. La science perd de sa fécondité à mesure qu'elle perd de sa pureté ; elle est d'autant plus utile qu'elle songe moins à l'être. La vérité est jalouse : elle veut être recherchée pour elle-même et non pour sa dot.

Si le caractère dynamiste et spiritualiste de la doctrine de Bacon ressort de sa manière de définir la connaissance scientifique, il ne ressort pas moins de l'étude des procédés par lesquels cette connaissance s'acquiert. Ces procédés sont ceux de l'induction ; ils s'appliquent uniquement à la détermination des lois qui régissent les forces : l'induction est inapplicable dans l'hypothèse mécaniste et matérialiste.

Les procédés de l'induction sont ou directs ou accessoires. Les premiers sont les diverses opérations qui constituent la recherche des lois ; ils consistent dans la formation de ce que Bacon appelle les tables de *présence*, *d'absence* et de *croissance et de décroissance*. S'agit-il de déterminer la forme ou la loi d'un phénomène, on réunit dans la première table tous les faits qui, bien que différents, présentent la propriété dont il s'agit de trouver la loi ; dans la seconde, ceux où cette propriété est absente, bien qu'ils aient de l'analogie avec ceux de la table de présence ; et enfin dans la troisième, ceux où cette propriété se trouve à différents degrés, soit dans un seul sujet comparé à lui-même en différentes circonstances, soit en des sujets différents comparés entre eux (1). Ce travail a pour but de faire découvrir une propriété qui soit toujours relativement à la propriété donnée, soit dans le même sujet, soit dans des sujets différents, présente, absente, croissante ou décroissante. Le premier procédé de l'induction consiste donc à rejeter successivement chacune de ces propriétés qui ne se trouvent pas dans tel exemple où la propriété donnée est présente, ou qui se trouvent dans ceux où elle est absente, ou qui croissent dans les sujets où elle décroît, ou décroissent dans ceux

---

(1) Nov. Org. II, §§ 11—15.

où elle croît. Ce n'est qu'après toutes ces réjections que restera au fond du creuset la forme affirmative, véritable, solide et bien limitée. Les procédés accessoires comprennent une multitude d'opérations fort compliquées et fort délicates, propres à compléter et à perfectionner l'interprétation de la nature. Toutes ces opérations ont pour but « d'établir des axiômes vrais, ou des touts composés de faits identiques; car les propositions de ce genre sont les seules qu'on doive regarder comme une solide portion de la vérité » (1).

Les sciences naturelles ont toutes, à l'exception d'une seule, adopté ces procédés, et doivent à leur emploi la sûreté de leur marche et l'inépuisable fécondité de leurs découvertes.

Nous avons vu précédemment que l'esprit, placé en présence des faits qu'il se propose d'étudier et de ramener à l'unité scientifique, suppose et ne peut pas ne pas supposer que ces faits sont produits par des causes, et que ces causes agissent d'une manière régulière. La connaissance de ces causes et de cette manière d'agir est l'explication qu'il cherche pour les faits. La cause lui est donnée en même temps que le fait par une supposition naturelle et fatale : elle est conçue, ou plutôt l'expérience, dès qu'elle a lieu, en suggère la conception. Mais il n'en est pas de même de la manière d'agir de cette force, dont l'uniformité ne se révèle que dans ce qu'il y a d'essentiel et de permanent dans les circonstances qui accompagnent la production du fait. Le travail de l'esprit à la recherche

(1) Ibid. § 16.

de la vérité consiste donc à déterminer ces circonstances pour chaque fait, à éliminer celles qui sont accidentelles, et à classer les autres d'après leur importance relative et selon les influences qu'elles subissent. Il arrive ainsi à déterminer la manière d'agir de la force, sa *loi*. Cette découverte est, comme on le voit, proprement le résultat de trois opérations successives, pour lesquelles Bacon veut qu'on dresse autant de tables, sous les noms de *tables de présence*, *tables d'absence* et *tables de comparaison*. Le point de départ de l'esprit dans ces opérations, est donc la supposition de l'existence de forces soumises à des lois ; son but, la découverte de ces lois ; son moyen, l'observation des signes sensibles par lesquels elles se manifestent. Telle est la manière dont Bacon veut qu'il procède pour découvrir et constater les lois de la nature, pour introduire l'unité scientifique dans la diversité infinie des faits; telle est, en un mot, la méthode expérimentale, la méthode d'induction que suivent les sciences naturelles. Toute la vertu de cette méthode gît dans la double hypothèse qui lui sert de point de départ, savoir : que tout fait a une cause et que cette cause est soumise dans son action à des règles invariables, quelles que soient les circonstances dans lesquelles elle intervient. Ces règles étant constantes et toujours les mêmes, pourraient à la rigueur être découvertes dans chacune de ces circonstances. Elles peuvent donc être obtenues au moyen d'un petit nombre d'expériences, voire même d'une seule. Une seule observation bien faite est démonstrative dans toute la force du mot, la même nature agissant d'après les mêmes lois dans la millième expérience comme dans la première.

C'est ainsi que l'esprit peut appuyer légitimement sur l'observation d'un très petit nombre de faits, des conclusions qui embrassent la nature entière dans tous les temps et dans tous les lieux. L'induction doit cette vertu à la double hypothèse qui lui sert de point de départ; mais cette hypothèse écartée, la puissance merveilleuse de l'induction s'évanouit, ou plutôt il n'y a plus d'induction possible. L'induction est l'opération par laquelle l'esprit découvre et détermine par l'observation des faits les forces et les lois de la nature : on ne peut l'employer si l'on n'admet préalablement l'existence de ces forces et de ces lois.

Il ne reste plus alors de possible que la connaissance des faits donnée dans la perception. Tout ce que peut l'esprit dans l'étude des faits dénuée de la lumière de l'induction, c'est de les bien constater, et d'en déterminer les points de ressemblance et les différences, pour les ramener à un semblant d'unité, pour les classer d'une manière plus ou moins artificielle en genres, en espèces, etc. Mais ce travail ne pourra jamais être qu'un résumé, portant exclusivement sur les faits connus et observés, sans qu'il soit permis d'en tirer aucune conclusion pour les faits non encore observés. Si de nouveaux faits viennent à se montrer, il faut faire de nouvelles espèces ; si de nouveaux caractères se révèlent dans les faits déjà connus, la classification est à refaire, une nouvelle distribution est indispensable. La science ainsi acquise est toujours provisoire. Un esprit sage ne l'accepte que sous bénéfice d'inventaire et jusqu'à plus ample informé. On ne sait jamais si de nouvelles études ne viendront pas modifier les idées qu'on s'était formées d'après les faits connus ; si des observations mieux conduites ne viendront pas bouleverser les résultats des examens antérieurs. Le provisoire au lieu du certain, la statistique à la place de la science, telles sont les conséquences inévitables de cette manière d'étudier la nature. En outre, les classifications varient d'individu à individu : chacun se fait la sienne selon son point de vue particulier. La science perd ainsi toute impersonnalité. Ce qui est vrai pour l'un est faux pour l'autre. S'il n'y a de réel et de certain que ce qui tombe sous le sens, chacun est juge de ce qui lui paraît : tous nos jugements sont toujours vrais, ou plutôt ils ne sont ni vrais ni faux, et personne n'est juge du faux et du vrai. Nul n'a le droit de se croire plus savant qu'un autre, plus capable de connaître et d'enseigner la vérité. L'homme est ainsi la mesure unique du vrai et du faux, et la science varie d'individu à individu. Mais là même elle n'a rien de fixe ; et, de même que la face de la nature change et se renouvelle sans cesse, de même la science empruntée au seul empirisme varie incessemment avec les vissicitudes de notre expérience personnelle. Comme les eaux d'un fleuve, elle n'est pas semblable à elle-même deux instants de suite, chaque instant apportant des faits nouveaux, ou modifiant, altérant, détruisant la connaissance des faits antérieurement observés. Rien ne peut s'affirmer ou se nier d'une manière absolue, car nous ne savons jamais ce que l'avenir nous tient en réserve. Tout est mobile, variable, relatif ; tout dépend de tout. L'erreur d'aujourd'hui sera la vérité de demain. Les doctrines se succèdent avec la rapidité de l'éclair. Chacun a la sienne, qu'il modifie incessamment au gré des caprices de chaque jour, et l'empirisme *mécaniste*, qui avait d'abord séduit l'esprit par la rigueur apparente de ses procédés, finit par le perdre dans un dédale d'opinions personnelles sans valeur et sans portée, d'hypothèses sans nom, de systèmes plus étranges les uns que les autres, et qui ne laissent plus d'autre perspective aux intelligences droites que le scepticisme ou le dédain (1).

Ces conséquences s'imposent au matérialisme, qui ne les a d'ailleurs jamais désavouées et les a même hautement acceptées chaque fois qu'il s'est présenté avec tous les développements dont il est susceptible. La logique le condamne a confondre la science avec la sensation, c'est-à-dire à nier la science. Le cartésianisme offre cet exemple unique peut-être dans l'histoire, de l'alliance d'une physique matérialiste avec une théorie spiritualiste sur la nature de l'âme. Il a voulu proscrire l'idée de force, en l'assimilant aux qualités occultes de l'ancienne scolastique; et le fond de sa doctrine consistait à vouloir tout expliquer au moyen de corpuscules de grandeurs diverses, qui se déplaçaient nécessairement les uns les autres, en vertu de leur impénétrabilité Aussi Descartes n'admet-il l'usage de l'induction ni en physique ni en psychologie : sa physique est tout hypothétique, il n'y emploie d'autre méthode que la méthode de construc-

---

(1) Platon, *Protagoras*, *Théétète*.

tion (1); et sa psychologie paralyse dès l'abord l'observation interne en refusant à l'âme l'activité et la liberté. Toutes les conséquences de l'empirisme appartiennent donc au cartésianisme; aussi en sont-elles sorties dans la seule branche des études qui ait adopté ses principes sur la constitution du corps. A une seule école près, toutes les doctrines de la thérapeutique moderne sont *solidistes* ou *humoristes*, c'est-à-dire empiriques, *mécanistes*, matérialistes, et par suite livrées au flot d'une perpétuelle mobilité. Une seule école thérapeutique est entrée dans les voies du dynamisme de Leibnitz et de Newton, et a essayé d'introduire dans l'étude de l'organisme les principes adoptés depuis deux siècles par toutes les sciences naturelles : c'est l'école de Morgagni, de Jacomini, désignée communément sous le nom d'école italienne, qui a substitué l'hypothèse dynamiste à l'hypothèse cartésienne, et les procédés de la méthode baconnienne à l'empirisme matérialiste qui fait toute la logique des autres écoles thérapeutiques. Aussi le dynamisme italien a-t-il dès le début toutes les allures, tous les caractères de la vraie science, qu'aucun effort de génie n'a jamais pu donner à l'ancien art de guérir. Il n'y a point de science possible, en effet, hors du dynamisme, c'est-à-dire hors du spiritualisme. Toute science réelle, qu'elle le sache ou non, qu'elle soit remontée ou non à ses principes métaphysiques, est essentiellement spiritualiste. Les notions scientifiques sont

(1) Vico a, presque du vivant de Descartes, reconnu et signalé l'analogie profonde de l'hypothèse des tourbillons et de la physique cartésienne, avec l'atomisme et la physique d'Epicure.

acquises par l'induction ou par la déduction ; or, l'induction comme la déduction requièrent des principes supérieurs à l'expérience sensible, et une activité intellectuelle indépendante de l'organisme. Pour arriver à concevoir et à connaître *ce qui est partout et toujours*, il faut autre chose que des données empiriques, qui ne peuvent jamais porter que sur *ce qui est ici ou là, dans un temps et non en tout temps*. Toute logique qui admet l'induction suppose donc nécessairement une métaphysique spiritualiste, comme toute logique qui rejette l'induction, à cause de son point de départ dynamiste, suppose une métaphysique mécaniste, et aboutit rigoureusement à l'empirisme matérialiste. Bacon ne se fût-il pas expliqué aussi clairement qu'il l'a fait sur les principes de sa méthode, ne nous eût-il laissé que la description des procédés dans lesquels elle consiste ; la seule nature de ces procédés ne nous en eût pas moins autorisés à le ranger parmi les philosophes spiritualistes, et à recommander à ce titre l'étude de ses écrits. Bien plus, eût-il méconnu les principes de sa méthode, et eût-il essayé l'alliance de l'induction avec une métaphysique matérialiste, il n'y aurait lieu de concevoir aucune méfiance à l'égard de sa méthode. Il faudrait accuser Bacon d'inconséquence, et rejeter sa métaphysique; mais l'induction, telle qu'il l'a décrite, n'en demeurerait pas moins le procédé unique et exclusif du dynamisme et des sciences expérimentales. L'inconséquence d'un individu ne saurait faire changer les lois de l'esprit humain. Mais, ainsi que nous l'avons vu, la métaphysique de Bacon est tout aussi dynamiste que sa logique : l'idée qu'il se fait de la science, la définition qu'il en donne, est celle d'Aristote, de Leibnitz, de Newton ; et le spiritualisme peut et doit revendiquer l'honneur d'avoir inspiré ce grand esprit, le législateur et l'organisateur des sciences naturelles.

Vu et lu par le Doyen de la faculté des lettres.

Aix, le 27 mars 1865.

LAFA...

Vu et permis d'imprimer,

Le Recteur de l'Académie d'Aix,

MOTTET.

Toulon. — Imprimerie d'E. AUREL, rue de l'Arsenal, 13.

www.ingramcontent.com/pod-product-compliance
Lightning Source LLC
LaVergne TN
LVHW050643090426
835512LV00007B/1014